IRE

07

EXERCICES

GRAMMATICAUX

ou

COURS PRATIQUE

DE LANGUE FRANÇAISE.

EXERCICES

GRAMMATICAUX

OU

COURS PRATIQUE

DE LANGUE FRANÇAISE,

Principalement appliqué à la Grammaire française de
M. *Boniface*, adoptée par le Conseil Royal de l'Université pour les Collèges et les Écoles normales.

TOME PREMIER,

Contenant un *Questionnaire* sur toutes les parties de la Grammaire, des *Exercices gradués sur la classification des mots ou
analyse grammaticale* et de nombreux *Exercices lexigraphiques*,
c'est-à-dire sur les inflexions ou désinences grammaticales des
mots;

PAR ALEX. BONIFACE, INSTITUTEUR.

DEUXIÈME ÉDITION.

> Commencer par les faits ou exemples, et
> en déduire les généralités ou règles,
> telle est, pour toutes les sciences, la
> seule marche indiquée par la nature.
> LEMARE, *Cours de langue latine.*

PARIS,

DELALAIN,
rue des Mathurins-St-Jacques, 12.

LEVRAULT,
rue de La Harpe, 81.

1836.

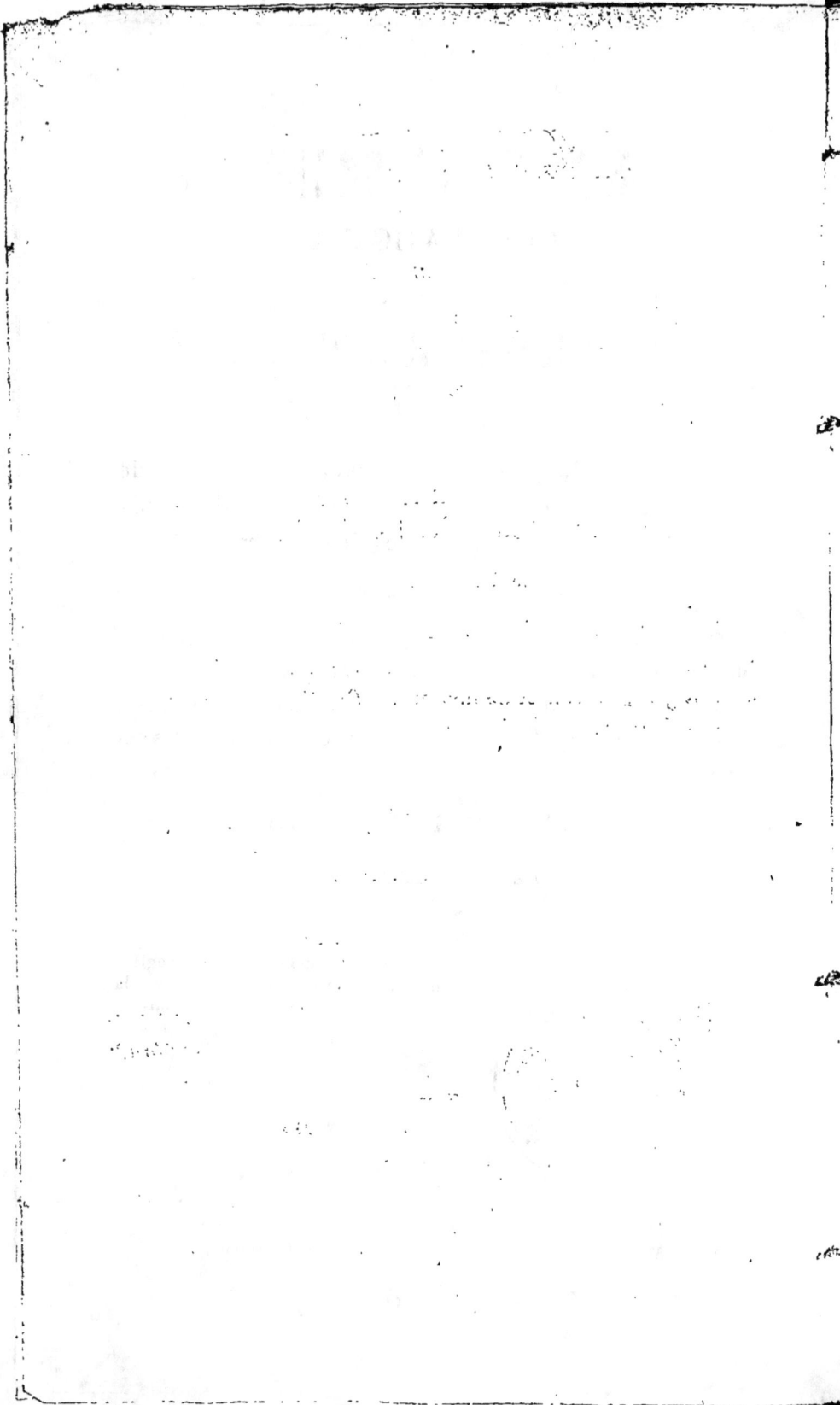

PRÉFACE.

Le succès qu'a obtenu ma Grammaire française, adoptée par le Conseil royal de l'Université pour les Collèges et les Écoles normales, m'a imposé l'obligation d'en rendre l'usage plus facile, et de la mettre ainsi à la portée des instituteurs primaires, et des parents qui se livrent eux-mêmes à l'instruction de leurs enfants.

C'est le but que je crois avoir atteint en publiant ce recueil, complément nécessaire de mon premier ouvrage. Il ne sera pas moins utile aux élèves, qui s'y formeront à la pratique de leur langue, qu'aux professeurs, qui pourront y puiser des exercices nombreux et variés.

Les *Exercices cacographiques*, malgré l'inconvénient qui en est en quelque sorte inséparable, peuvent être d'un grand secours dans l'enseignement et dans l'étude de l'orthographe.

Cependant beaucoup de professeurs répugnent encore à les mettre entre les mains de leurs élèves, de peur que les fautes qu'on leur y présente ne les induisent en erreur, et ne leur deviennent par là plus nuisibles que profitables.

a.

Cette crainte, qui n'est pas sans fondement, doit sans doute son origine aux Cacographies, successivement publiées par *Boinvilliers*, *Letellier* et *Lequien*, et qui accueillies d'abord avec faveur, n'ont pas produit les résultats qu'on avait droit d'en attendre.

Il est en effet pénible d'avouer que ces ouvrages, qui sont bien au dessous de la réputation de leurs auteurs, manquent entièrement de méthode, qu'ils fourmillent de mots tout défigurés, et qu'ils n'offrent guère aux élèves que des exercices sur les participes passés, comme si c'était la seule ou la principale difficulté de notre langue.

Ces défauts ont été si bien remarqués, ils ont fait naître de si justes plaintes, qu'on a senti la nécessité de remplacer ces exercices par d'autres, faits avec plus de conscience, mieux gradués, plus méthodiques, et surtout débarrassés de cette bizarre cacographie, qui est la principale cause de la réprobation attachée à ces sortes d'ouvrages (1). Plusieurs grammairiens se sont livrés à ce genre de travail.

Au premier rang, je citerai les Exercices de *Chapsal*, dont les exemples, classés dans le même ordre que les matières de sa Grammaire, sont généralement bien choisis. On ne peut reprocher à cet ouvrage que le défaut de développement, surtout en ce qui concerne l'application des premières règles.

Viennent ensuite ceux de *Munier*, de *Martin*, de

---

(1) Il est cependant juste de dire que Boinvilliers, peu de temps avant sa mort, a presque entièrement refondu son ouvrage, qu'il a d'ailleurs bien amélioré.

Bonnaire et de *Coquempot*, qui sont à la vérité plus élémentaires, mais qui laissent encore beaucoup à désirer sous le rapport de la composition.

Je ne dois point passer sous silence les Exercices de *Lefranc*, ouvrage laborieusement fait, mais qui ne peut être utilement employé que par ses élèves.

C'est après ces productions estimables, et malgré l'espèce d'anathème lancé contre les cacographies, que je me hasarde à mettre au jour cet ouvrage, fruit d'une longue expérience, et qui se distingue d'ailleurs de tous les autres par des caractères essentiels.

Pour le rendre plus usuel, et pour donner une extension convenable à l'application de chaque règle, je l'ai divisé en deux volumes, qui ont chacun pour objet des matières spéciales.

Le premier comprend :

1º Un *Questionnaire* sur toutes les parties de ma Grammaire.

Chaque question, étant complète, peut être faite isolément.

Cet exercice, qui sert à fixer l'attention des élèves et à développer leur intelligence, est un de ceux dont on peut retirer le plus d'avantages.

2º Des types gradués d'exercices sur la *Lexicologie*, appelée communément *analyse grammaticale*.

Pour que cette analyse soit suivie d'heureux résultats, elle doit être donnée aux élèves avec mesure, et faite surtout avec méthode : autrement elle ne serait plus qu'un travail purement mécanique et fastidieux

3º Une série de plus de cent exercices sur la *Lexigra-*

vhie, c'est-à-dire sur les inflexions ou désinences grammaticales des mots.

Ces exercices, aussi remarquables par le choix, la multiplicité et la variété des exemples que par la gradation qui s'y trouve rigoureusement observée, et la manière dont ils sont présentés, ont pour objet de faire acquérir, au moyen d'une pratique bien dirigée, la connaissance des premières règles de l'orthographe.

Les élèves n'y rencontrent des fautes que lorsqu'ils sont en état de les corriger, d'où il suit que cette nouvelle cacographie, n'étant pour eux qu'un exercice complémentaire qui les fortifie dans les connaissances qu'ils ont acquises, ne peut avoir aucun résultat dangereux.

D'ailleurs les mots variables y sont toujours mis sous leur forme primitive : les substantifs, les adjectifs, les pronoms au singulier; et les verbes à l'infinitif, avec des chiffres qui désignent le temps, la personne et le nombre auxquels ils doivent être employés.

De fréquentes récapitulations rappellent à l'élève les règles qu'il lui est important de ne pas oublier.

Les premiers chapitres sont divisés en deux degrés, adaptés chacun à la force des élèves.

Chaque exercice est précédé de chiffres qui renvoient à ma Grammaire et au Questionnaire.

Pour faciliter l'indication des devoirs dont se composent les exercices, je les ai distingués par une série de numéros, de manière qu'aucun ne dépassât l'étendue d'une tâche ordinaire.

Le premier devoir de chaque exercice, composé de phrases correctement écrites, sert de texte à l'élève pour l'explication des règles, et de type pour la correction des devoirs suivants.

Selon les besoins des élèves, leur âge, leur intelligence, leurs progrès, on peut modifier les exercices, les simplifier ou les étendre. Toutefois qu'on se persuade bien que, dans ce cas, comme dans toute espèce d'enseignement, c'est d'une pratique constante et bien réglée, plus que d'une vague théorie, qu'on doit attendre un succès durable.

Le second volume, plus étendu que le premier, renferme tous les exercices relatifs à la *syntaxe*, c'est-à-dire sur l'analyse logique, sur les rapports des mots entre eux, leur concordance, leur emploi et leur construction.

C'est surtout en ce point que mon ouvrage diffère de tous ceux qu'on a publiés jusqu'à ce jour.

Chaque exercice est d'abord divisé en deux parties :

La première est l'*exposition des faits* d'où les règles sont déduites. Ces faits composés d'exemples tirés de nos meilleurs écrivains, présentés selon l'ordre des règles de ma Grammaire, et soumis au développement du maître ou à l'observation de l'élève, constituent, avec les exercices qui en dépendent, une véritable *Grammaire pratique*, qui peut servir de guide aux professeurs, et au moyen de laquelle tout esprit observateur pourrait étudier seul la langue française.

La seconde partie est l'*application des règles*. Elle est formée de nombreux exercices de cacographie et de cacologie (1), mais toujours présentés de manière à ne pas induire l'élève en erreur.

, Ces exercices, comme ceux du premier volume, sont bien gradués. Les premiers se composent de phrases courtes et faciles, afin de familiariser l'élève avec la règle qu'il doit appliquer. Les suivants renferment des phrases extraites des auteurs, présentées avec des changements, et dont le corrigé pourrait servir de complément à la première partie. Dans l'une et dans l'autre j'ai tâché de réunir, autant qu'il m'a été possible, l'intérêt et l'instruction.

C'est de la collection de ces faits, fruit de plus de vingt ans de recherches, que j'ai déduit les règles de ma Grammaire française, pénétré depuis long-temps de la vérité de cette pensée de Marmontel : « Ce sera dans les bons livres et dans la continuité et la pluralité des exemples du temps où l'on parlait le mieux, que vous recueillerez les voix en fait de goût et de langage. »

L'auteur d'*Émile* avait déjà dit avec non moins de raison : « Gardez-vous des généralités : on ne fait rien que de commun et d'inutile en mettant des maximes à la place des faits. »

C'est à l'observation rigoureuse de ce principe incontestable, sur lequel est fondée la méthode de Pestalozzi, que nous devons le meilleur ouvrage qu'on ait jamais publié sur la Grammaire, le *Cours de langue française* par *Lemare*, grammairien aussi profond que laborieux.

---

(1) Cacologie, langage vicieux.

En effet, que doit être une Grammaire française véritablement digne de ce nom? Un livre dont le but soit d'initier, par la pratique, à la connaissance complète de la langue, à tous les secrets de son idiome, aux difficultés épineuses de sa construction, aux caprices sans nombre de son orthographe; un ouvrage qui, conçu sur un large plan, embrasse à la fois les faits généraux du langage et ces nuances délicates et fugitives qui en constituent le génie particulier; un ouvrage qui contienne tous les genres d'exercices sur les règles générales comme sur les cas même les plus exceptionnels; qui unisse la variété, l'abondance et le choix des exemples à l'ordonnance sagement combinée de toutes les matières, et à une gradation non interrompue de toutes les parties.

Ainsi a été conçu et parfaitement exécuté l'excellent ouvrage de *Lemare*.

Telle fut aussi la pensée qui présida à la composition du mien, dont le cadre est plus resserré, la marche plus simple, et par conséquent l'usage plus facile. Puisse-t-il être jugé digne de figurer auprès de son aîné! Du moins je ne négligerai rien pour le mettre en état de soutenir cet honorable parallèle.

Si le succès ne répond pas à mon attente, j'aime à croire qu'on me tiendra compte de l'intention qui a dicté un travail consciencieux, uniquement entrepris dans le désir de faciliter et d'étendre l'étude de notre belle langue.

A. BONIFACE.

MINISTÈRE

DE L'INSTRUCTION PUBLIQUE ET DES CULTES.

Paris, le 27 juin 1831.

Monsieur, j'ai appelé l'attention du Conseil royal de l'Instruction publique sur votre ouvrage intitulé *Grammaire française méthodique et raisonnée*. Le Conseil, dans sa séance du 21 juin courant, a pris à ce sujet une décision portant que votre grammaire paraît très-utilement applicable aux classes élémentaires des Collèges, et qu'il y a lieu de la recommander sous ce rapport.

Vous êtes libre, Monsieur, de donner à cette décision toute la publicité que vous jugerez convenable. Dans le cas où vous désireriez que votre ouvrage fût, en outre, officiellement communiqué et recommandé à MM. les Recteurs, vous auriez à en déposer au ministère de l'Instruction publique (1er bureau, 1re division), autant d'exemplaires que l'Université compte d'Académies (26).

Je vous prie de vouloir bien me faire connaître vos intentions à cet égard.

Recevez, Monsieur, l'assurance de ma considération distinguée.

Pour le Pair de France, Ministre de l'Instruction publique et des Cultes.

Le Conseiller Vice-Président ,

VILLEMAIN.

Paris, le 15 août 1831.

Monsieur, j'ai de nouveau appelé l'attention du Conseil royal sur votre *Grammaire française*. D'après le rapport qui lui a été fait à ce sujet, le Conseil a pris, dans sa séance du 22 juillet courant, une décision portant qu'il y a lieu de recommander ce livre pour les écoles normales primaires. Une circulaire sera incessamment adressée aux Recteurs des Académies pour les inviter à se conformer à cette décision ainsi qu'à celle du 21 juin dernier, qui déclare le même ouvrage admissible dans les classes élémentaires des Collèges.

Recevez, Monsieur, l'assurance de ma considération distinguée.

Pour le Pair de France, Ministre de l'Instruction publique et des Cultes.

Le Conseiller Vice-Président ,

VILLEMAIN.

EXERCICES
GRAMMATICAUX

PRINCIPALEMENT

APPLIQUÉS A LA GRAMMAIRE FRANÇAISE

DE M. BONIFACE.

—●○○◎—

Première Partie. — QUESTIONNAIRE, CLASSIFICATION ET
LEXIGRAPHIE.
Seconde Partie. — SYNTAXE.

PREMIÈRE PARTIE. — QUESTIONNAIRE.

NOTA. *Les chiffres suivis d'un astérisque renvoient à
l'Abrégé.*

LIVRE PREMIER.

CONNAISSANCES PRÉLIMINAIRES.

CHAPITRE PREMIER.

NOTIONS MÉTAPHYSIQUES.

— Qu'appelle-t-on *organe* d'un sens ? 1.
— Qu'entend-on par le mot *sens* ? 2.
— Combien avons-nous de sens?—Quels sont-ils? 3 2.
— Qu'appelle-t-on *sentiment* ou *sensation* ? 4.
— Qu'est-ce qu'une idée ? 5 1.

I

6*— Comment appelle-t-on le *signe* d'une *idée ?* 6 3*.

    Les mots sont-ils les *signes* naturels des idées ? 6.

7*— Quand les *idées* sont-elles dites *sensibles ?* 7 2*.

8*— Quand les *idées* sont-elles dites *intellectuelles* ou

    morales ? 8 2*.

9*— Qu'est-ce que la *pensée ?* 9 5*.

10*— Qu'est-ce que le *jugement ?* 10 5*.

11 — De combien de manières peut-on *exprimer* un

    jugement ? 11.

12*— Qu'est-ce qu'une *proposition ?* 11 5*.

13*— Dans cette proposition, *l'éclair est brillant,* quelle

    est la fonction de chacune des trois parties qui la

    composent ? 12 6*.

14*— Combien la *proposition* a-t-elle de *parties essen-*

    tielles ? Quelles sont-elles ? et quel est le caractère dis-

    tinctif de chacune d'elles ? 12 6*.

15*— Les trois parties de la proposition sont-elles tou-

    jours distinctes ? 13 7*.

16*— Quand le *verbe* est-il *attributif ?* 13 7*.

17*— Tous les verbes sont-ils attributifs ? 13 7*.

18 — Qu'est-ce qu'un *raisonnement ?* 14.

19*— Qu'est-ce qu'une *phrase ?* 15 8*.

20*— Qu'est-ce qu'une *période ?* 16.

21 — Quelle différence y a-t-il entre la *phrase* et la

    période ? 19 20.

22*— Qu'entend-on par *langage ?* 17 4*.

23*— Combien y a-t-il de *sortes de langage ?* 17 4*.

24*— Qu'est-ce que le *discours ?* 18 9*.

25*— Qu'entend-on par la *langue* d'une nation ? 19 3*.

26 — Dans quel cas une langue prend-elle le nom d'*i-*

    diome ? 20.

27 — Quels sont les *idiotismes* d'une langue ? 20.

28 — Comment appelle-t-on les *idiotismes* de la langue grecque ? — De la langue française ? — De la langue allemande ? 20.

29 — Qu'est-ce qu'une *langue morte ?* — Une *langue vivante ?* — Une *langue mère ?* — Une *langue dérivée ?* 21 22.

CHAP. II. — ÉLÉMENTS DU LANGAGE.

30* — Qu'est-ce qu'un *son* ou une *voix ?* 23 10*.

31 — Quand le *son* est-il *articulé ?* 24.

— Quand est-il *inarticulé ?* 24.

32* — Qu'est-ce que l'*articulation ?* 25 11*.

33* — Quels sont les *éléments du langage parlé* ou de la *parole ?* 26 12*.

34 — Combien y a-t-il de *sons inarticulés,* et quels sont-ils ? 27.

35 — Quels sont les *sons nasals ?* 27.

36 — Combien y a-t-il d'*articulations simples ?* 28.

37 — Qu'entend-on par *quantité* en fait de prononciation ? 29.

38 — Qu'est-ce que la *prosodie ?* 30.

39* — Qu'est-ce qu'une *voyelle ?* 31 13*.

40* — Qu'est-ce qu'une *consonne ?* 31 13*.

41* — Pourquoi la *consonne* est-elle ainsi nommée ? 31 13*.

42* — Quel nom général donne-t-on aux voyelles et aux consonnes ? 32 14*.

43* — Quels sont les *éléments du langage écrit ?* 32 14*.

44* — Qu'est-ce que l'*alphabet ?* 32 14*.

45 — Que sont les *lettres* quant à leur forme ? 32.

46 — Quel est l'usage des *majuscules?* 32.

47*— Quel est l'*alphabet* généralement adopté ? 33 17*.

48*— Combien y a-t-il de *voyelles?* 33 15*.

49 — Combien y a-t-il de *consonnes?* 33.

50*— De combien de signes devrait être composé le *véritable alphabet de la langue française*, et quels sont-ils ? 33 12*.

51*— Quel est l'usage de l'*y?* 34 16*.

52*— Qu'y a-t-il à observer sur la prononciation de l'*h?* 35 16*.

53*— Quand l'*h* est-elle *muette?* 35 16*.

54*— Quand l'*h* est-elle *aspirée?* 35 16*.

55 — Qu'y a-t-il à observer sur la qualification d'*aspirée* donnée à la lettre *h?* 35.

56 — Donnez des mots où les mêmes *voyelles* soient tantôt *longues*, tantôt *brèves* 36.

57*— Combien admet-on de sortes d'*e?* 37 18*.

58*— Quel nom donne-t-on à l'*e* qui ne se prononce pas? 38 18*.

59*— Dans quel cas l'*e* est-il *euphonique?* 38 18*.

60*— Qu'est-ce qu'une *diphthongue?* 39 19*.

61*— Pourquoi *ou*, *eau*, *ain* ne sont-ils pas des diphthongues? 39 19*.

62*— Qu'est-ce qu'une *syllabe?* 40 20*.

63*— De quoi sont composés les syllabes et les mots? 40 20*.

64*— Qu'est-ce qu'un *mot?* 41 3*.

65*— Qu'est-ce qu'un *monosyllabe?* — un *dissyllabe?* — un *trisyllabe?* — un *polysyllabe?* 42 21*.

66*— Qu'est-ce qu'un *mot primitif?* 43 22*.

CHAP. III. — DE LA GRAMMAIRE.

89 — De quoi la *Grammaire* s'occupe-t-elle spéciale-
ment ? 52.

90* — Combien la *Grammaire* a-t-elle de *parties fonda-
mentales ?* 52 28*.

91* — Quel est l'objet de la *lexicologie ?* 52 28*.

92 — Quel nom donne-t-on communément à la *lexicologie ?* 52.

93* — Quel est l'objet de la *lexigraphie ?* 52 28*.

94* — Quel est l'objet de la *syntaxe ?* 52 28*.

95 — Quelles sont les *parties accessoires de la Grammaire ?* 52.

CHAP. IV. — IDÉE GÉNÉRALE DE LA LEXICO-
LOGIE.

96* — Qu'entendez-vous par les *parties du discours ?* 54
30*.

97 — Donnez-une phrase qui contienne toutes les *parties du discours ?* 55, 223.

98 — Dans cette phrase : *Cette pauvre mère, hélas !
pleure amèrement sur un fils ingrat ; mais, ô douce Religion, tu la soutiendras, et tu seras sa seule consolation,*
qu'y a-t-il à observer — 1° sur les mots *mère, fils, religion, consolation ;* — 2° Sur les modifications des objets
représentés par ces mots ; — 3° Sur les mots *tu* et *la ;* —
4° sur les mots *pleure, soutiendras, seras ;* — 5° Sur les
mots *amèrement* et *sur ;* — 6° Sur les mots *mais, et ;* —
7° Sur les mots *hélas ! ô !* 55 à 63.

98* *bis.* — Combien y a-t-il de parties du discours ? 223
38*.

LIVRE SECOND.

LEXICOLOGIE

OU CLASSIFICATION DES MOTS.

CHAP. Ier. — DU SUBSTANTIF.

§ I. — Définition.

99 — Pourquoi donne-t-on aux *êtres* le nom de *substances?* 64.

100* — Quel nom donne-t-on aux mots qui expriment des *substances ?* 64 39*.

101* — Qu'est-ce qu'un *substantif?* 65 39*.

§ II. — Étendue.

102* — Quelle observation y a-t-il à faire relativement à l'*étendue de signification* des subst. *animal, chien, Azor?* 66 40*.

103* — Qu'entend-on par *étendue* dans un substantif? 67 40*.

104 — Pourquoi le *substantif commun* est-il ainsi nommé? 68.

105 — Pourquoi le *substantif propre* est-il ainsi nommé? 69.

106*.— Qu'est-ce que le *substantif commun ?* 70 40*.

107*—— Qu'est-ce que le *substantif propre ?* 71 40*.

108* —— Quelle différence y a-t-il entre le *substantif commun* et le *substantif propre ?* 67 à 72 40*.

§ III. —— DIVERSES SORTES DE SUBSTANTIFS.

109*—— Dans quel cas le *substantif* est-il appelé *indéfini ?* 72 44*.

110*—— Quels sont les *substantifs indéfinis ?* 72 44*.

111*—— Quel nom donne-t-on communément aux *substantifs indéfinis ?* 72 44*.

112*—— Qu'est-ce qu'une *expression substantive* ou un *substantif composé ?* 73 45*.

113*—— Dans quel cas un *mot* est-il *accidentellement substantif ?* 74 46*.

114*—— Qu'est-ce qu'un *substantif accidentel ?* 75 46*.

115*—— Donnez quelques exemples de *substantifs accidentels.* 74 46*.

116 —— Qu'est-ce que la plupart des grammairiens entendent par des *substantifs collectifs ?* 76.

§ IV. —— DU GENRE.

117*—— Qu'appelle-t-on *sexe* dans les substances, et *genre* dans les substantifs ? 77 41*.

118*—— Combien y a-t-il de *genres ?* —— Quels sont-ils ? 77 41*.

119*—— Dans quel cas le *genre* est-il *fictif* ou de *convention ?* 78 41*.

120*—— Le genre donné aux substantifs est-il toujours conforme à la raison ? 78 41*.

132*— Qu'est-ce que l'*adjectif qualificatif?* 90 48*.

133*— Qu'est-ce que l'*adjectif déterminatif?* 91 48*.

134*— Qu'est-ce qu'une *expression adjective?* 92 54*.

135 — Citez quelques *expressions adjectives?* 92 54*.

136 — Les expressions *gros-vert*, *bleu-foncé*, sont-elles adjectives? 92.

137 — Donnez un exemple de l'adjectif employé substantivement. 93.

§ III. — Observations sur divers adjectifs.

138*— Comment démontrer que *l'* est un adjectif déterminatif dans *l'homme est mortel?* 94 52*.

139 — Quel nom donne-t-on à l'adjectif déterminatif *le, la, les?* 94.

140 — Dans quel cas *le, la, les* deviennent-ils pronoms? 94.

141*— Pourquoi les adjectifs déterminatifs *du, au, des, aux*, sont-ils dits *contractés?* 95 53*.

142*— Quels sont les *adjectifs déterminatifs démonstratifs?* 96 49*.

143 — Dans quel cas le mot *ce* est-il *pronom?* 96.

144*— Quels sont les *adjectifs démonstratifs possessifs?* 97 50*.

145 — Dans quel cas *leur* est-il *pronom?* 97.

146*— Citez des *adjectifs numéraux.* 98 51*.

147*— Qu'est-ce qu'une *expression numérale?* 99 54*.

148*— Combien y a-t-il de *classes d'adjectifs déterminatifs*, et quelles sont-elles? 94 à 99 49 à 54*.

149 — Donnez des *adjectifs numéraux pris substantivement.* 100.

150 — Dans quel cas *un* est-il *adjectif qualificatif ?* 100.

151 — Qu'y a-t-il à observer sur la classification du mot *tout ?* 100.

152 — Dans quel cas *nul* et *certain* sont-ils *adjectifs qualificatifs ?* 100.

153 — Dans quel cas *lequel* et *ses dérivés* sont-ils *adjectifs déterminatifs ?* 100.

154 — A quelle classe appartiennent les mots *quel, tel, quiconque, même ?* 100.

155 — Quels sont les *adjectifs qualificatifs* qui expriment par eux-mêmes une *idée accessoire de comparaison ?* 101.

156 — Combien la plupart des grammairiens reconnaissent-ils de *degrés de comparaison* ou *de signification* dans l'adjectif? 101.

157 — Dans l'adjectif, qu'est-ce que le *positif ?* 101.

158 — Dans l'adjectif, qu'est-ce que le *comparatif ?* 101. Combien admet-on d'*espèces* de *comparatifs ?* 101.

159 — Qu'est-ce que le *superlatif,* et comment le divise-t-on ? 101.

CHAP. III. — DU PRONOM.

§ I. — Définition.

160* — Expliquez, par les propositions *je* chante, *tu* chantes, *il* chante, les trois relations qu'une personne peut avoir à l'acte de la parole. 102 55*.

161* — Quelle comparaison peut-on établir entre un ac-

teur et une personne représentée par l'un des mots
je, *tu*, *il* ? 102 56*.

162 — Comment les mots *je*, *tu*, *il*, peuvent-ils être
considérés comme des *expressions implicites* ? 102.

163* — Quel nom donne-t-on au mot destiné à représenter un être comme ayant une relation à l'acte de
la parole? 103 57*.

164* — Qu'est-ce que le *pronom* ? 104 58*.

165* — Qu'entend-on par *personne* en grammaire? 105
56*

166* — Quand un *pronom* est-il de la *première personne* ?
— de la *seconde* ? — de la *troisième* ? 106 56*.

167* — Énoncez, selon l'ordre des personnes, ceux des
pronoms qui ont une forme particulière pour chacune
d'elles. 107 62*.

168* — Indiquez quelques pronoms qui ont une forme
commune aux trois personnes. 108 62*.

169 — Quel rapport, et quelle différence y a-t-il entre
le *substantif* et le *pronom* ? 110.

§ II. — DIFFÉRENTES ESPÈCES DE PRONOMS.

170* — Combien admet-on de *classes générales de pronoms* ? — Quelles sont-elles? — Quelle est la raison de
cette division ? 111 59 62*.

171* — Qu'est-ce que le *pronom subjectif* ? 111 59*.

172* — Qu'est-ce que le *pronom complétif* ? 111 59*.

173* — Démontrez comment le pronom *qui* est *conjonctif*, dans l'enfant *qui* est gâté sera malheureux. 112
60*.

174* — Qu'est-ce que le *pronom conjonctif* ? 112 60*.

175*.— Quels sont les *pronoms conjonctifs?* 112 62*.

176*.— Quels sont les *pronoms démonstratifs?* 113 62*.

177*.— Quels sont les mots que l'on classe généralement dans les *pronoms indéterminés?* 114 62*.

178 — Quelle dénomination devrait-on donner au *pronom* dit *indéterminé?* 114.

179 — Si l'on admettait un *pronom indéterminé*, quel serait-il? 114.

180*.— Quelles sont les *expressions pronominales?* 115 68*.

181 — Qu'y a-t-il à observer sur la division des pronoms en *personnels* et en *relatifs?* 116.

CHAP. IV. — DU VERBE

§ I. — DÉFINITION.

182*.— Qu'est-ce que le *verbe?* 118 66*.

183*.— Quel est le seul verbe proprement dit? 119 7 66*.

184 — Les *verbes attributifs* sont-ils réellement composés du verbe *être* et d'un *attribut?* 119.

185 — Pourquoi tout verbe, excepté *être*, est-il appelé *attributif*, et pourquoi le verbe *être* prend-il généralement la qualification de *substantif?* 120.

186 — Quelles autres dénominations donne-t-on aux *verbes attributifs* et au *verbe substantif?* 120.

187*.— Quelles sont les circonstances qui font varier la forme du verbe? 121 65*.

188 — Quelle est la définition complète du verbe? 121.

§ II. — DIFFÉRENTES ESPÈCES DE VERBES.

189*— Dans cette phrase, Paul *frappe* Émile qui *pleure*, quelle différence y a-t-il entre les verbes *frappe* et *pleure?* 122 67*.

190*— Pour quelle raison a-t-on divisé les verbes attributifs en *transitifs* et en *intransitifs?* 122 67*.

191*— Qu'est-ce que le *verbe transitif?* 123 67*.

192*— Qu'est-ce que le *verbe intransitif?* 124 67*.

193 — Donnez quelques propositions où se trouvent des *verbes transitifs?* 123.

194 — Donnez quelques propositions où se trouvent des *verbes intransitifs.* 124.

195*— Quel nom donne-t-on ordinairement au *verbe transitif?* 124 67*.

196 — Comment appelle-t-on ordinairement le *verbe intransitif?* 124 67*.

197 — Pourquoi la raison se refuse-t-elle à admettre des *verbes actifs* et des *verbes neutres?* 124.

198 — Y a-t-il réellement des *verbes passifs* dans la langue française? 125.

199*— Dans quel cas un *verbe* est-il *réfléchi?* 126 68*.

200 — Pourquoi dans ces propositions, cette maison *se* bâtit, elle *se* termine, elle *se* vendra, appelle-t-on les verbes *réfléchis?* 127.

201*— Expliquez comment un *verbe réfléchi* est tantôt *transitif* et tantôt *intransitif?* 128 68*.

202 — Quelle différence y a-t-il entre les verbes réfléchis il *s'habille*, il *se repent?* 129.

203 — Qu'est-ce qu'un verbe *essentiellement réfléchi* ? 129.

204 — Qu'y a-t-il à observer sur les verbes il *se meurt*, il *s'en revient*, il *s'en va* ? 130.

205*— Qu'est-ce qu'un *verbe impersonnel* ? 131 69*.

206*— Qu'est-ce que *conjuguer* un *verbe* ? 132 70*.

207*— Qu'entend-on par *conjugaison* ? 132 70*.

208*— Quand un *verbe* est-il *régulier* ? — Quand est-il *irrégulier* ? 133 71*.

209*— Quand un verbe est-il *défectueux* ? 133 72*.

210*— Dans quel cas les verbes *être* et *avoir* sont-ils *auxiliaires* ? 134 73*.

211 — Le verbe *être* remplit-il les mêmes fonctions dans je *suis* blessé et je me *suis* blessé ? 134.

III. — DES COMPLÉMENTS DU VERBE.

212*— Qu'entend-on par le *complément* ou régime du verbe attributif ? 135 74*.

213*— Qu'est-ce que le *complément direct* d'un verbe ? 136 75*.

214*— A quelles questions répond le *complément direct* d'un verbe ? 236 75*.

215 — Quel est le caractère distinctif du *complément direct* ? 136.

216 — Tout complément direct d'un verbe peut-il toujours devenir le sujet d'une proposition passive correspondante ? 136.

217 — Donnez quelques propositions où les verbes aient des *compléments directs* ? 136.

218*— Quand le *complément* d'un verbe est-il *indirect* ? 137 76*.

219* — A quelles questions répond le *complément indirect* ? 137 76*.

220 —Donnez quelques propositions où les verbes aient des *compléments indirects* ? 137.

221 — Dans quel cas un verbe est-il *accidentellement intransitif* ? 138.

222 — Dans quel cas un verbe est-il *accidentellement transitif* ? 139.

223 — Qu'y a-t-il à observer sur le verbe *file* dans, cette femme *file* du coton, et la liqueur *file* ? 140.

224* — Qu'entend-on par un *complément adverbial* ? 141 77*.

225* — Pourquoi le *complément adverbial* est-il ainsi nommé ? 141 77*.

226* — A quelles questions répond le *complément adverbial* ? 141 77*.

§ IV. — DES MODES.

227* — Qu'entend-on par *modes* dans les verbes ? 142 78*.

228* — Combien y a-t-il de *modes généraux* ? 143 79*.

229 — Démontrez comment il n'y a que *deux modes généraux* ? 143.

230* — Quand le verbe est-il au *mode affirmatif* ? 144* 79.

231* — Quel nom donne-t-on ordinairement au *mode affirmatif* ? 144 79*.

232* — Quand le verbe est-il au *mode interrogatif* ? 144 79*.

233* — Quand le verbe est-il au *mode optatif* ou *impératif* ? 144 79*.

234 — Quel nom donne-t-on ordinairement au *mode optatif* ? 144.

235* — Quand le verbe est-il au *mode subjonctif* ? 144 79*.

236* — Déterminez les modes des verbes suivants : Je *jouais, jouons,* on veut que je *joue, joue-t-il,* je *jouerais,* il faut *jouer,* 144 79*.

237 — Pourquoi la dénomination d'*affirmatif* est-elle préférable à celle d'*indicatif* ? 146.

238 — Pourquoi le *mode interrogatif* est-il omis dans la plupart des grammaires ? 146.

239 — L'*interrogatif* est-il un *mode* distinct ? 146.

240 — Qu'y a-t-il à observer sur le *mode* dit *conditionnel* ? 147.

241 — Qu'est-ce qui caractérise essentiellement le *mode* d'un verbe ? 148.

242* — Combien y a-t-il de *sortes de modes* ? 145, 149 79*.

243* — Quels sont les *cinq modes* ? 145 149 79*.

244* — Que comprend le *mode indéfini* ? 149 86*.

245* — Qu'est-ce que l'*infinitif* ? 149 86*.

246* — Comment se termine l'*infinitif* ? 149 86*.

247* — Qu'est-ce que le *participe présent* ? 151 86*.

248* — Comment se termine le *participe présent* ? 149 86*.

249* — Qu'est-ce que le *participe passé* ? 152 86*.

250 — Donnez quelques *expressions infinitives* ? 149.

251 — Pourquoi le *participe* est-il ainsi nommé ? 150 86*.

252 — Quelle est la raison de la dénomination de *présent* ajouté au *participe en* ANT ? 151.

253 — Pourquoi le *participe passé* est-il ainsi nommé ? 152.

1*

§ V. — DES TEMPS.

254*— Sous combien de points de vue peut-on considérer la *durée*, et quels sont-ils ? 153 80*.

255*— Qu'appelle-t-on proprement *temps ?* 153 80*.

256*— Combien y a-t-il de *temps principaux ?* 153 80*.

257*— Quand un verbe est-il au *présent?* 154 80*.

258*— Quand un verbe est-il au *passé?* 154 80*.

259*— Quand un verbe est-il au *futur ?* 154 80*.

260*— Qu'est-ce que le *temps* d'un verbe ? 155 80*.

261*— Quel rapport et quelle différence y a-t-il, relativement au temps, dans je *parlais*, tu croyais que je
parlerais, j'avais parlé ? 156 81*.

262*— Donnez quelques exemples de modifications
accessoires dans le temps des verbes ? 158 à 188 81*.

263*— Qu'entend-on par les *temps secondaires?* 156 81*.

264*— Quand les *temps* sont-ils *simples ?* — Quand
sont-ils *composés ?* 157 87*.

265*— Qu'est-ce qu'une *expression verbale ?* 157 87*.

266*— Comment le verbe *écrire* fait-il au *présent simple de l'affirmatif ?* 158 89* (1).

267 — Quand un verbe est-il au *présent simple de l'affirmatif ?* 158.

268*— A quel temps est je *lis ?* 158 89* — Pourquoi ?

269 — Le verbe au *présent simple de l'affirmatif* exprime-t-il toujours un présent instantané ? 158.

270*— Comment le verbe *écrire* fait-il au *présent conditionnel de l'affirmatif ?* 159 89*.

_____

(1) Dans l'Abrégé le verbe *chanter* remplace *écrire*.

271 — Quand un verbe est-il au *présent conditionnel de l'affirmatif* ? 159.

272* — A quel temps est je *lirais* maintenant ? 159 83*. — Pourquoi ?

273* — Comment le verbe *écrire* fait-il au *passé indéfini de l'affirmatif* ? 160 89*.

274 — Quand un verbe est-il au *passé indéfini de l'affirmatif* ? 160.

275* — A quel temps est j'*ai lu* ? 160 89*. — Pourquoi ?

276 — Pourquoi a-t-on remplacé les dénominations de *prétérit* et de *parfait* par celle de *passé* ? 160.

277* — Comment le verbe *écrire* fait-il au *passé défini de l'affirmatif* ? 161 89*.

278 — Quand un verbe est-il au *passé défini de l'affirmatif* ? 161.

279* — A quel temps est je *lus* ? 161 89*. — Pourquoi ?

280* — Comment le verbe *écrire* fait-il au *passé simultané de l'affirmatif* ? 162 89*.

281 — Quand un verbe est-il au *passé simultané de l'affirmatif* ? 162.

282* — A quel temps est *je lisais* ? 162 89*. — Pourquoi ?

283* — Quel autre nom donne-t-on ordinairement au *passé simultané de l'affirmatif* ? — Quelle est la raison de cette dénomination ? 162 88*.

284 — Le *passé simultané* exprime-t-il toujours le même temps ? 162.

285* — A quel temps appartient le verbe *lisais* dans, si je *lisais*, je m'ennuierais moins ? 162 83*.

286* — Comment le verbe *écrire* fait-il au *passé postérieur* ? 163 89*.

287 — Quand un verbe est-il au *passé postérieur* ? 163.

288*— A quel temps est je *lirais* dans, vous saviez bien que je *lirais* ? 163 81*. — Pourquoi ?

289*— Quel nom donne-t-on communément au *passé postérieur* ? 163 88*.

290*— Comment le verbe *écrire* fait-il au *passé antérieur médiat* et au *passé antérieur immédiat* ? 164 89*.

291 — Quelle différence y a-t-il entre *j'avais écrit* et *j'eus écrit* ? 164.

292 — Quand un verbe est-il au *passé antérieur médiat* ? 164.

293 — Quand un verbe est-il au *passé antérieur immédiat* ? 164.

294*— A quel temps est *j'avais lu* ? 164 89.*—Pourquoi ?

295 — A quel temps est *j'eus lu* ? 164 89*—Pourquoi ?

296*— Quel nom donne-t-on généralement au *passé antérieur*, soit *médiat*, soit *immédiat* ? 164 88*.

297 — A quel temps est *j'ai eu écrit*, et dans quel cas emploie-t-on cette forme ? 164.

298*— Comment le verbe *écrire* fait-il au *passé conditionnel* ? 165 89*.

299 — Quand un verbe est-il au *passé conditionnel* ? 165.

300*— A quel temps est *j'aurais lu* dans, *j'aurais lu* ce livre, si on me l'avait prêté ? 165 81*. — Pourquoi ?

301 — *J'aurais écrit* est-il la seule forme du *passé conditionnel* ? 165.

302*— Comment le verbe *écrire* fait-il au *passé dubitatif* ? 166 89*.

303 — Quand un verbe est-il au *passé dubitatif* ? 166.

304*— A quel temps est *j'aurai lu* dans, *j'aurai mal lu*, puisqu'on ne m'a pas compris ? 166 81*. Pourquoi ?

305 — Comment appelle-t-on généralement le *passé dubitatif* ? 166.

3o6*— Comment le verbe *écrire* fait-il au *futur simple de l'affirmatif?* 167 80*.

307 — Quand un verbe est-il au *futur simple de l'affirmatif?* 167.

3o8*— A quel temps est je *lirai?* 167 89*. — Pourquoi?

3o9*— Comment le verbe *écrire* fait-il au *futur conditionnel de l'affirmatif?* 168 83 89*.

3io — Quand un verbe est-il au *futur conditionnel de l'affirmatif?* 168.

3ii*— A quel temps est je *lirais* dans, je *lirais* demain? 168* 83. — Pourquoi?

3i2*— Comment le verbe *écrire* fait-il au *futur antérieur de l'affirmatif?* 169 83 89*.

3i3 — Quand un verbe est-il au *futur antérieur de l'affirmatif?* 169.

3i4*— A quel temps est *j'aurai lu* dans, *j'aurai lu* votre livre ce soir? 169 83*. — Pourquoi?

3i5 — Quel autre nom donne-t-on communément au *futur antérieur?* 169.

3i6*— Comment le verbe *écrire* fait-il au *futur antérieur conditionnel de l'affirmatif?* 170 89*.

3i7 — Quand un verbe est-il au *futur antérieur conditionnel de l'affirmatif?* 170.

3i8*— A quel temps est *j'aurais lu* dans, *j'aurais lu* ce livre à midi, si l'on ne me dérangeait pas? 170 81*. — Pourquoi?

3i9*— Combien *l'affirmatif* a-t-il de temps? 158 à 170 89*.

32o*— Quels sont les *temps simples de l'affirmatif?* 158 à 170 89*.

32i*— Quels sont les *temps composés de l'affirmatif?* 158 à 170 89*.

322 — A quels temps appartiennent les formes verbales suivantes : *j'écrirais*, *j'aurai écrit*, *j'aurais écrit ?* 158 à 170 89*.

323*— Comment le verbe *écrire* fait-il au *futur simple de l'optatif* ou *impératif ?* 171 89*.

324 — Quand un verbe est-il au *futur simple de l'impératif ?* 171.

325*— A quel temps de l'impératif est le verbe *lis ?* 171 89*.— Pourquoi ?

326 — Pourquoi le mode impératif n'a-t-il pas de *temps présent ?*

327 —. Comment le verbe *écrire* fait-il au *futur antérieur de l'impératif ?* 171 89*.

328 — Quand un verbe est-il au *futur antérieur de l'optatif ?* 172.

329*—A quel temps de l'impératif est le verbe *lire* dans, *aie lu* ce livre quand j'arriverai? 172 89*. — Pourquoi ?

330*— Combien l'*optatif* ou *impératif* a-t-il de temps, et quels sont-ils? 171 172 89*.

331*— Comment le verbe *écrire* fait-il au *présent simple du subjonctif ?* 173 89*.

332 — Quand un verbe est-il au *présent simple du subjonctif ?* 173.

333*— A quel temps du subjonctif est le verbe *lire* dans, crois-tu que je *lise* mal ? 173 84.* — Pourquoi ?

334*— Comment le verbe écrire fait-il au *présent conditionnel du subjonctif ?* 174 89*.

335 — Quand un verbe est-il au *présent conditionnel du subjonctif ?* 174.

336*— Comment le verbe *écrire* fait-il au *passé défini du subjonctif ?* 175 89*.

337*.— Comment le verbe *écrire* fait-il au *passé simultané du subjonctif ?* 175 *bis* 89*.

338 —- Quand un verbe est-il au *passé simultané du subjonctif ?* 175 *bis.*

339*— A quel temps du subjonctif est le verbe *lire* dans,
il voyait avec peine que je *lusse* cette lettre? 175
175 *bis* 84*. — Pourquoi ?

340*— Comment le verbe *écrire* fait-il au *passé postérieur du subjonctif ?* 176 89*.

341 — Quand un verbe est-il au *passé postérieur du subjonctif?* 176.

342*— A quel temps du subjonctif est le verbe *lire* dans,
on a voulu que je *lusse?* 176 89*. — Pourquoi ?

343*— Comment le verbe *écrire* fait-il au *passé indéfini
du subjonctif ?* 177* 89.

344 — Quand un verbe est-il au *passé indéfini du subjonctif ?* 177.

345*— A quel temps du subjonctif est le verbe *lire* dans,
tu ne penses pas que *j'aie lu ?* 177 84 89*. — Pourquoi ?

346*—Comment le verbe *écrire* fait-il au *passé antérieur
du subjonctif ?* 178 89*.

347 —- Quand un verbe es -il au *passé antérieur du subjonctif ?* 178.

348*— A quel temps du subjonctif est le verbe *lire* dans,
il craignait que je *n'eusse lu* sa lettre ? 178 84 89*. —
Pourquoi ?

349*— Comment le verbe *écrire* fait-il au *passé conditionnel du subjonctif ?* 179 89*.

350 — Quand un verbe est-il au *passé conditionnel du
subjonctif ?* 179.

351*— A quel temps du subjonctif est le verbe *lire* dans, il ne faudrait pas que *j'eusse lu* cette lettre? 179 84 89*. — Pourquoi?

352*— Comment le verbe *écrire* fait-il au *futur simple du subjonctif?* 180 89*.

353 — Quand un verbe est-il au *futur simple du subjonctif?* 180.

354*— A quel temps du subjonctif est le verbe *lire* dans, on voudra que je *lise?* 180 84 89*. — Pourquoi?

355*— Comment le verbe *écrire* fait-il au *futur conditionnel du subjonctif?* 181 89*.

356 — Quand un verbe est-il au *futur conditionnel du subjonctif?* 181.

357*— A quel temps du subjonctif est le verbe *lire* dans, voudrais-tu que je *lusse* ce soir? 181 84 89*. — Pourquoi?

358*—.Comment le verbe *écrire* fait-il au *futur antérieur du subjonctif?* 182 89*.

359 — Quand un verbe est-il au *futur antérieur du subjonctif?* 182.

360*— A quel temps du subjonctif est le verbe *lire* dans il faudra que *j'aie lu* ce livre à midi? 182 84 89*. — Pourquoi?

361*— Comment le verbe *écrire* fait-il au *futur antérieur conditionnel du subjonctif?* 183 89*.

362 — Quand un verbe est-il au *futur antérieur conditionnel du subjonctif?* 183.

363*— A quel temps du subjonctif est le verbe *lire* dans, il faudrait que *j'eusse lu* ce livre à midi? 183 84 89*. — Pourquoi?

364*— Combien le *subjonctif* a-t-il de temps? — Quels sont-ils? 173 à 185 89*.

365*— Combien le *subjonctif* a-t-il de *temps simples?* — Quels sont-ils? 173 à 185 89*.

366*— Combien le *subjonctif* a-t-il de *temps composés?* — Quels sont-ils? 173 à 185 89*.

367*— A quels temps appartiennent les *formes verbales* suivantes : que *j'écrive*, que *j'écrivisse*, que *j'aie écrit*, que *j'eusse écrit?* 173 à 185 89*.

368 — Donnez quelques exemples des *temps* dits *sur-composés.* 184.

369 — Pourquoi *écrire* est-il dit à l'*infinitif?* 185.

370*— Comment *écrire* fait-il au *passé* et au *futur de l'infinitif?* 186 89*.

371*— A quels temps de l'infinitif sont les formes verbales *avoir écrit*, *ayant écrit* et *devant écrire ?* 186 89*.

372*— Comment le verbe *écrire* fait-il au *participe présent* et au *participe passé ?* 187 89*.

373 — Pourquoi les *participes* appartiennent-ils au mode indéfini ? 187.

374*— A quels temps de l'*indéfini* sont les formes verbales *écrivant* et *écrit ?* 187 89*.

CHAP. V. — DE L'ADVERBE.

§ I. — DÉFINITION.

375*— Qu'est-ce que l'*adverbe ?* 188 189 91*.

376*— L'*adverbe* modifie-t-il seulement le verbe et l'adjectif ? 188 90*.

2

377*— Qu'est-ce qu'une *expression adverbiale ?* 190 98*.

378 — Dans l'analyse de la proposition, à quel complément du verbe appartiennent les *adverbes* et les *expressions adverbiales ?* 191.

§ II. — CLASSIFICATION.

379*— Les mots *oui*, *soit*, expressions d'affirmation, de consentement, sont-ils des *adverbes ?* 192 99*.

380 — Qu'y a-t-il à observer sur les mots *où* et *y* classés comme *adverbes ?* 193.

381*— Qu'est-ce qui distingue l'*adverbe* de la *préposition ?* 194 93*.

382 — Dans cette phrase : il a *beaucoup* d'avantages *indépendamment* de sa place, les mots *beaucoup* et *indépendamment* sont-ils des *adverbes ?* 194.

383 — Donnez quelques adjectifs employés comme *adverbes.* 195.

CHAP. VI. — DE LA PRÉPOSITION.

§ I. — DÉFINITION.

384*— Expliquez comment la *préposition* modifie d'une manière incomplète. 198 92*.

385*— Qu'est-ce que la *préposition ?* 199 93*.

386*— Pourquoi la *préposition* est-elle ainsi nommée ? 199 93*.

387*— Quelle différence y a-t-il entre l'*adverbe* et la *préposition ?* 199 90 92*.

388*— La *préposition* modifie-t-elle *immédiatement* un substantif, comme dans, un habit *à* la mode ? 200 93*.

§ II. — CLASSIFICATION.

389 — Quelle différence y a-t-il entre les prépositions *à*, *de*, *dans*, etc., et *pendant*, *durant*, *excepté*, etc.? 201.

390*— Donnez un exemple où le complément de la *préposition* soit sous-entendu ? 202 93*.

391*— A quelle partie du discours appartiennent les mots *voici* et *voilà* ? 203 99*.

392*— Qu'est-ce qu'une *expression prépositive* ? 204 98*.

CHAP. VII. — DE LA CONJONCTION.

§ I. — DÉFINITION.

393*— Qu'est-ce que la *conjonction* ? 206 207 95*.

394*— Démontrez comment la *conjonction* met deux propositions en rapport ? 206 94 *.

395*— La *conjonction* ne met-elle en rapport que deux propositions ? 207 95*.

396 — La place de la *conjonction* est-elle invariablement fixée entre les deux propositions qu'elle met en rapport ? 208.

§ II. — CLASSIFICATION.

397 — Qu'y a-t-il à observer sur le m dans cette phrase : Il est pauvre, *tou* heureux ? 209.

398 — Quelles sont les conjonctions sur la classification desquelles les grammairiens sont partagés ? 210.

399 — Qu'y a-t-il à observer sur la classification du
mot *autrement* dans, il travaille, *autrement* il s'ennuie ? 211.

400 — Qu'y a-t-il à observer sur la classification des
mots *comme* et *donc* ? 212.

401 — Quelle différence y a-t-il entre les conjonctions
et, ni, car, etc., et *encore, toutefois*, etc. ? 213.

402* — Qu'est-ce qu'une *expression conjonctive* ? 214 98*.

403 — Quels sont les mots essentiellement *conjonctions* ? 216.

CHAP. VIII. — DE L'EXCLAMATION.

404* — Qu'est-ce que l'*exclamation* ? 217 97*.

405* — Quel autre nom donne-t-on à l'*exclamation*
217 97*.

406 — Quelle différence y a-t-il entre les exclamations
Chut ! Hélas ! etc., et *Paix ! Bon !* etc. ? 218.

407* — Citez quelques *expressions exclamatives* ? 220 98*.

408* — Quelles sont les idées exprimées par les *exclamations* ? 221 96*.

409* — Quels sont les mots qui ne peuvent être compris
dans aucune partie du discours ? 222 99*.

410* — Combien y a-t-il de parties du discours ? —
Quelles sont-elles ? — Comment les divise-t-on sous
le rapport orthographique ? 223 38*.

LIVRE TROISIÈME.

LEXIGRAPHIE.

CHAP. Ier. — DU SUBSTANTIF.

FORMATION DU PLURIEL.

411*— Comment forme-t-on généralement le *pluriel d'un substantif?* 224 10*.

412*— Quel est le pluriel *d'enfant?* 224 100*. — Pourquoi?

413*— Quand le substantif singulier est terminé par *s*, *z*, ou *x*, comment s'en forme le pluriel? 225 100*.

414*— Quel est le pluriel des substantifs *souris*, *nez*, *noix?* 225 100*. — Pourquoi?

415*— Comment forme-t-on le pluriel des substantifs en *au* et en *eu?* 226 101*.

416*— Quel est le pluriel des substantifs *noyau*, *chapeau*, *feu*, *vœu?* 226 101*. — Pourquoi?

417*— Quels sont les substantifs en *ou* qui prennent un *x* pour le pluriel? 226 101*.

418*— Le pluriel des substantifs *joujou*, *bijou*, est-il terminé en *s* ou en *x?* 226 101*. — Pourquoi?

419*— Comment se forme le pluriel des substantifs en *al?* 227 102*.

420*— Quels sont les substantifs en *al* qui prennent une *s* pour le pluriel? 227 102*.

421* — Quel est le pluriel des substantifs *bocal* et *régal?* 227 102*.— Pourquoi ?

422* — Quels sont les substantifs en *ail* qui pour le pluriel changent cette finale en *aux ?* 227 102*.

423* — Quel est le pluriel des substantifs *gouvernail* et *soupirail ?* 227 102*.

424* — Quel est le pluriel des substantifs *ail* et *bétail ?* 227 102*.

425* — Quels sont les substantifs qui ont deux formes pour le pluriel ? 228 103*.

426* — Quelles sont les deux formes plurielles du substantif *œil*, et dans quel cas les emploie-t-on? 228 103*.

427* — Quelles sont les deux formes plurielles du substantif *ciel*, et dans quel cas les emploie-t-on? 228 103*.

428* — Quelles sont les deux formes plurielles du substantif *aïeul*, et dans quel cas les emploie-t-on? 228 103*.

429* — Quelles sont les deux formes plurielles du substantif *travail*, et dans quel cas les emploie-t-on? 228 103*.

CHAP. II. — DE L'ADJECTIF.

SECTION PREMIÈRE.

DES ADJECTIFS QUALIFICATIFS.

§ I. —DU GENRE ET DU NOMBRE DANS LES ADJECTIFS.

430* — Comment se forme généralement le féminin d'un *adjectif qualificatif ?* 230 105*.

431 — Pourquoi l'*adjectif qualificatif* prend-il le genre et le nombre du substantif qu'il modifie ? 229.

§ II. — FORMATION DU FÉMININ.

432* — Comment se forme le féminin d'un adjectif en *e* muet ? 231 105*.

433 — Quel est le féminin des mots *ivrogne*, *maître* et *traître* ? 231.

434 — Quelle observation y a-t-il à faire sur le féminin du mot *suisse* ? 231.

435*— Dans quel cas la prononciation exige-t-elle le redoublement de la consonne finale de l'*adjectif qualificatif* ? 232 107*.

436* — Quel est le féminin des adjectifs *gros*, *pareil*, *gentil* ? 233 106* — Pourquoi ?

437* — Comment se forme le féminin des adjectifs en *el, en, et, on* ? 233 107*.

438* — Quels sont les adjectifs en *et* qui ne doublent pas le *t* pour le féminin ? 233 107*.

439* — Quel est le féminin des adjectifs *net*, *inquiet* ? 233 107* — Pourquoi ?

440* — Pourquoi le féminin de l'adjectif *complet* n'est-il pas analogue à celui de *coquet* ? 233 107*.

441* — Quels sont les adjectifs non terminés en *el, en, et, on*, qui doublent la consonne finale pour le féminin ? 233 107*.

442 — *Sot* et *dévot* suivent-ils la même formation pour le féminin ? 233 — Pourquoi ?

443* — Donnez quelques adjectifs où l'on double la consonne finale pour le féminin ? 233 106 107*.

444* Quel est le féminin des adjectifs *jumeau*, *nouveau*, *beau*, *mou* et *fou* ? 233 107*.

445 — Dans quel cas emploie-t-on les adjectifs masculins, *nouvel*, *bel*, *mol* et *fol* ? 233.

446* — Quel est le féminin de l'adjectif terminé en *f* ? 234 108*.

447* — Comment l'adjectif qualificatif *neuf* fait-il au féminin ? 234 108*.

448* — Quel est le féminin des adjectifs en *eux* ? 235 109*.

449 — Qu'y a-t-il à observer sur l'emploi de *vieux* et de *vieil* ? 235.

450* — Combien les adjectifs en *eur* ont-ils de terminaisons pour le féminin ? 236 110*. — Quelles sont-elles ?

451 — Dans quel cas l'adjectif en *eur* prend-il un *e* muet pour le féminin ? 236.

452 — Quels sont les adjectifs en *eur* qui, pour le féminin, changent cette finale en *eresse* ? 236.

453 — Quand l'adjectif en *eur* ne change-t-il pas pour le féminin ? 236.

454 — Qu'y a-t-il à observer sur le féminin des adjectifs *calculateur*, *délateur*, *spoliateur* ? 236.

455 — Comment *restaurateur* fait-il au féminin ? 236.

456 — Dans quel cas l'adjectif en *eur* change-t-il cette finale en *euse* pour le féminin ? 236.

457 — Quels sont les adjectifs en *eur* qui font *euse* au féminin, quoique dérivant d'un participe présent ? 236.

458 — Qu'y a-t-il à observer sur le féminin du mot *chanteur* ? 236.

459 — Dans quel cas l'adjectif en *eur* change-t-il cette finale en *rice* pour le féminin ? 236.

460 — Quel est le féminin correspondant des mots *gouverneur*, *serviteur* ? 236.

461*— Quel est le féminin des adjectifs suivants : *extérieur*, *vengeur*, *imposteur*, *menteur*, *moteur*, et quelle en est la raison ? 236 110*.

462*— Quel est le féminin des adjectifs en *er*, comme *fier* ? 237 111*.

463*— Comment les adjectifs *exprès* et *profès* font-ils au féminin ? 237 111*.

464*— Qu'y a-t-il à observer sur le féminin et le pluriel des adjectifs *dû* et *crû* dérivés des verbes *devoir* et *croître* ? 237 111*.

465*— Comment les adjectifs en *gu*, comme *ambigu*, font-ils au féminin ? 237 111*.

466* — Quels sont les adjectifs qui prennent l'accent au féminin ? — Quels sont ceux qui le perdent ? 237 111*.

467*— Quel est le féminin des adjectifs *frais*, *bénin*, *malin*, *grec*, *long*, *doux*, *faux*, *roux*, *jaloux*, *tiers*, *absous*, *dissous*, *muscat*, *coi* et *favori* ? 112*.

468* — Quels sont les adjectifs en *c* qui changent cette lettre en *que* pour le féminin ? — Quels sont ceux qui la changent en *che* ? 238 112*.

469*— Quels sont les adjectifs qui ont la même forme pour les deux genres, et qui ne sont ni en *eur*, ni en *c* muet ? 239 113*.

470 — Quels sont les adjectifs qui ne s'emploient qu'au masculin ? 240.

471 — Quel est le féminin de *garant* ? 240.

472 — Qu'y a-t-il à observer sur le féminin des adjectifs *partisan*, *résous*, *hébreu* ? 240.

§ III. FORMATION DU PLURIEL.

SECTION II.

DES ADJECTIFS DÉTERMINATIFS.

déterminatif *ce* pour les deux genres et les deux nombres ? 247 248 49*.

484*— Dans quel cas emploie-t-on *cet* pour *ce* ? 247 49*.

485 — Y a-t-il des cas où l'on emploie *ce* avant une voyelle ? 247.

486 — Quand doit-on écrire *ses* ou *ces* ? 248.

487*— Quelles sont les différentes formes de l'adjectif déterminatif possessif ? 249 50*.

488*— Dans quel cas emploie-t-on *mon* pour le féminin ? 249 50*.

489 — Qu'y a-t-il à observer sur l'adjectif déterminatif possessif *leur* ? 250.

490 — Comment l'adjectif déterminatif *tout* fait-il au pluriel ? 251.

CHAP. III. — DU PRONOM.

491*— Qu'y a-t-il à observer sur la variabilité des pronoms ? 252 115*.

492*— Pourquoi le pronom *leur* ne prend-il pas une *s* pour le pluriel ? 253 116*.

493*— Qu'y a-t-il à observer sur le pronom *lequel* et ses formes dérivées ? 254 117*.

494 — Quelles sont les formes dérivées du pronom *celui*, et quel en est l'emploi, quant au genre et au nombre ? 255.

495 — Quelle observation orthographique y a-t-il à faire sur les expressions pronominales *celui-ci, celle-ci,* etc. ? 255

496*— Quand doit-on écrire *ce* ou *se* ? 256 118*.

497*— Dans quel cas le mot *ou* prend-il un accent grave?
257 119*.

CHAP. IV. — DU VERBE.

§ I. — ACCORD DU VERBE AVEC SON SUJET.

498*— Dans une proposition quel est le sujet du verbe?
258 6*. — Donnez-en un exemple.

499*— A quelles questions le sujet d'un verbe répond-il?
259 120*.

500*— Comment le verbe s'accorde-t-il avec son sujet?
260 120*.

§ II. — FINALES CARACTÉRISTIQUES DES PERSONNES ET DES NOMBRES, *ou* SIGNES PERSONNELS ET NUMÉRIQUES DES VERBES.

1° *Première personne du singulier.*

501*— Quelles sont les finales des verbes à la première
personne du singulier du présent de l'affirmatif? 261
121*.

502*— Pourquoi je *rend*, je *voit*, je *joui*, sont-ils mal
orthographiés? 261 121*.

503*— Quand un verbe à la première personne du singulier du présent de l'affirmatif se termine-t-il par un
e muet? 261 121*.

504*— Pourquoi écrit-on j'*ouvre*, je *souffre*, je *cueille*, puisque ces verbes ne sont pas de la première conjugaison ? 261 121*.

505*— Quand un verbe à la première personne du singulier du présent de l'affirmatif se termine-t-il par une *s* ? 261 121*.

506*— Quels sont les verbes qui prennent une *x* à la première personne du singulier du présent de l'affirmatif ? 261 121*.

07*— D'où vient la différence d'orthographe dans les verbes suivants : Je *dore* sur cuivre, et je *dors* bien profondément ; je *serre* mes livres, et je me *sers* de mes livres ; je *lie* un paquet, et je *lis* votre lettre ? 261 121*.

508*— Pourquoi dans les verbes suivants : je répon*ds*, j'interrom*ps*, je convain*cs*, je comba*ts*, l'*s* finale est-elle précédée d'une consonne qu'on n'entend pas ? 262 122*.

509* — Dans quels verbes supprime-t-on le *t* avant l'*s* finale à la première personne du singulier du présent de l'affirmatif ? 263 122*.

510* — Quels sont les verbes en *dre* qui perdent le *d* avant l'*s* finale ? 263 122*.

511* — Pourquoi n'écrit-on pas je conclu*ds*, je plai*ts* ? 264 122*.

512* — Justifiez l'orthographe des verbes suivants : je jou*e*, je bou*s*, je couvr*e*, je per*ds*, je men*s*, je vous rejoin*s*, je crain*s*, j'absou*s*, je parai*s*. 261 à 265 ; 121 à 123*.

513* Comment se termine un verbe à la première personne du singulier du futur de l'affirmatif, et à la même personne du passé défini des verbes en *er* ? 265 123*.

514*—Dans quel cas un verbe est-il terminé par *ai* ?
265 123*.

515*— Quelle est la terminaison d'un verbe à la première personne du singulier du présent du subjonctif ?
266 124*.

516* — Quel est le verbe qui, à la première personne
du singulier du présent du subjonctif, n'est pas terminé par un *e* muet ? 266 124*.

517*— Expliquez pourquoi il y a une différence d'orthographe entre je meur*s* et il faut que je meur*e*, je
voi*s* et on craint que je ne le voi*e* ? 261 266 122 124*.

518* — Comment se termine un verbe non terminé en
er à la première personne du singulier du passé défini ? 267 125*.

519* — Comment écrit-on le son *é* à la fin d'un verbe à
la première personne du singulier ? 268 126*.

520* — Tout verbe terminé par le son *é* à la première
personne du singulier s'écrit-il par *ais* ? 268 126*.

521* Quelles sont les différentes finales des verbes à la
première personne du singulier ? 269 121 à 127*.

522* — Rendez compte de l'orthographe des verbes suivants : je meur*s*, j'*ai*, je perd*s*, je sor*s*, je nai*s*, j'a-
vein*s*, je me résou*s*, je m'assié*ds*, il faut que je ri*e*,
que je soi*s*, je chant*ai*, je jouer*ai*, je surpri*s*, je chanter*ais*, j'aim*ais*, je prom*ets*, j'ess*aie*. 261 à 270, 121
à 127*.

2° *Deuxième personne du singulier.*

523* — Comment se termine un verbe à la deuxième
personne du singulier ? 270 127*.

524* — Dans quel cas l'*s* finale d'un verbe à la deuxième

personne du singulier est-elle précédée d'un *e* muet ? 271 127*.

525*— Dans quel cas l's finale d'un verbe à la deuxième personne du singulier est-elle précédée d'une consonne nulle ? 272 127*.

526* — Quels sont les verbes terminés par *x* à la deuxième personne du singulier ? 273 127*.

527* — Dans quel cas un verbe à la seconde personne du singulier ne prend-il pas d's ? 274 127*.

528*—Dans quel cas les verbes en *er* prennent-ils une *s* à la deuxième personne du singulier de l'impératif ? 274 127*.

529* —Comment les verbes *avoir*, *vouloir*, *cueillir*, *offrir*, *souffrir*, *savoir*, font-ils à la deuxième personne du singulier de l'impératif ? 274 127*.

530 — Faut-il dire : *vas*-y-voir ou *va* y voir, *veuilles* en prendre ou *veuille* en prendre. 274.

531* — Quelles sont les différentes finales d'un verbe à la deuxième personne du singulier ? 275 127*.

532* — Justifiez l'orthographe finale des verbes suivants : tu jou*es*, tu bou*s*, tu ri*s*, pour que tu ri*es*, tu veu*x*, tu pein*s*, tu sor*s*, tu ven*ds*, tu par*ais*, tu te résou*s*, demeure, demeures-y, aie-le, aie*s*-en. 270 à 276 127*.

533* — En quoi les verbes suivants sont-ils fautifs ? Je meur, tu *coures*, *vien*, *maris*-toi, je *veus*, tu *ments*, je *répons*, tu *joinds*, *demeures*-ici, il faut que tu *ris*, *saches*-y pourvoir, je le *parierès*, je le *donneré*. 261 à 276 121 à 128*.

3° *Troisième personne du singulier.*

534* — Quelles sont les finales d'un verbe à la troisième personne du singulier ? 276 277 128*.

535*— Quand un verbe à la troisième personne du singulier est-il terminé par un *c* muet ? — Quelles sont les exceptions ? 276 128*.

536*— Dans quel cas un verbe à la troisième personne du singulier est-il terminé par un *t* ? — Quelles sont les exceptions ? 276 128*.

537*— Quand un verbe à la troisième personne du singulier est-il terminé en *d* ? 276 128*.

538*— Quand un verbe à la troisième personne du singulier est-il terminé en *a* ? 276 128*.

539*— Justifiez l'orthographe finale des verbes suivants : il dore sur cuivre, il dor*t* profondément, il ne faut pas qu'il ri*e*, je veux qu'il en ai*t*, je voudrais qu'il en eû*t*, il va, il me convainc, il me confon*d*, il le fer*a*. 276 128*.

540*— Corrigez les verbes suivants et indiquez les motifs de votre correction : il *jout*, il *ri*, il *parlerat*, il *entent*, il *irais*, il le *veux*, qu'il l'*aie*, afin qu'il *meurt*. 276 128*.

4° *Première personne du pluriel.*

541*— Quelles sont les terminaisons des verbes à la première personne du pluriel ? 278 129*.

542*— Dans quel cas la terminaison *mes* est-elle précédée d'une voyelle surmontée d'un accent circonflexe ? 279 129*.

543*— Pourquoi les verbes à la première personne du pluriel sont-ils fautifs dans : il faut que nous *prions*, que nous *payons*, que nous *travaillons*. 280 129*.

544*— Pourquoi la finale n'est-elle pas *ions* dans, que nous *ayons*, que nous *soyons* ? 280 129*.

5° *Deuxième personne du pluriel.*

545*— Comment se termine un verbe à la deuxième personne du pluriel ? 281 130*.

546*— Dans quel cas emploie-t-on l'accent circonflexe avant la finale d'un verbe à la deuxième personne du pluriel ? 282 130*.

547*— Quelle faute y a-t-il dans : il faut que vous me *payez*, je pleurais quand vous *riez*. 283 130*.

6° *Troisième personne du pluriel.*

548*— Quelle est la finale des verbes à la troisième personne du pluriel ? 284 131*.

549*— Corrigez les verbes suivants, et motivez vos corrections : nous *jouon*, de peur que nous ne *payons* pas, ils nous *parlerons*, il faut que vous *ayiez* des livres et que vous les *étudiez*, vous *écrivîte*, nous nous *promenâme*, ces enfants s'*amusait*. 278 à 286 129 à 132*.

550*— Qu'y a-t-il à observer sur l'orthographe du verbe à l'interrogatif ? 286 à 289 132*.

551*— Comment je *joue*, je *chante* font-ils au mode interrogatif, et d'après quelle règle ? 287 132*.

552*— Comment il *joue*, il *chantera*, font-ils à l'interrogatif, et d'après quelle règle ? 288 132*.

553 — Faut-il écrire *va-t-en* ou *va t'en* ? 288. — Pourquoi ?

554*— Corrigez les verbes suivants, et motivez vos corrections : *entrat-il ? va-t-en*, où *sui-je ?* Ne *chan-*

2*

tai-je pas mieux maintenant? Quand *ira t' on ?* 286 à 289 132*.

555*— Qu'y a-t-il à observer sur l'orthographe des verbes à l'infinitif et au participe présent? 289 133*.

§ III. CONJUGAISON DES VERBES *avoir* ET *être*.

556*— Conjuguez les verbes *avoir* et *être* dans les dix temps du mode affirmatif. 290 134*.

557*— Conjuguez les verbes *avoir* et *être* au mode impératif. 290 134*.

558*— Conjuguez les verbes *avoir* et *être* dans les quatre temps du mode subjonctif. 290 134*.

559*— Conjuguez les verbes *avoir* et *être* dans leurs temps du mode indéfini. 290 134*.

On adressera aux élèves beaucoup d'autres questions qu'il serait trop long d'énumérer ici, comme, par exemple : comment le verbe *avoir* fait-il au *passé simultané ?* — Déterminez la personne, le nombre, le temps et le mode de *nous avions été,* etc.

§ IV. VERBES RÉGULIERS.

560*— Conjuguez le verbe *dîner* dans ses dix temps de l'affirmatif. 291 135*.

561*— Conjuguez le verbe *dîner* dans ses deux temps de l'impératif. 291 135*.

562*— Conjuguez le verbe *dîner* dans ses quatre temps du subjonctif. 291 135*.

563*— Conjuguez le verbe *dîner* dans ses temps de l'indéfini. 291 135*.

Même observation que précédemment 559.

564*— Conjuguez le verbe *obéir* dans ses dix temps de l'affirmatif. 292 136*.

565*— Conjuguez le verbe *obéir* dans ses deux temps de l'impératif. 292 136*.

566*— Conjuguez le verbe *obéir* dans ses quatre temps du subjonctif. 292 136*.

567*— Conjuguez le verbe *obéir* dans ses temps de l'indéfini. 392 136*.

Même observation que précédemment 559.

568*— Conjuguez le verbe *rompre* dans ses dix temps de l'affirmatif. 294 138*.

569*— Conjuguez le verbe *rompre* dans ses deux temps de l'impératif. 294 138*.

570*—Conjuguez le verbe *rompre* dans ses quatre temps du subjonctif. 294 138*.

571*— Conjuguez le verbe *rompre* dans ses temps de l'indéfini. 294 138*.

Même observation que précédemment 559.

572*— Comment se conjuguent les verbes réfléchis ? 295 139*.

573*— Pourquoi dans *faites-le sortir* et *faites le demander* n'emploie-t-on pas également le trait-d'union ? 295 139*.

FORMATION DES TEMPS.

574 — Combien la plupart des grammairiens admettent-ils de *temps primitifs*, et quels sont-ils ? 298.

575 — Combien l'infinitif forme-t-il de temps, quels sont-ils, et comment ? 298.

576 —Combien le participe présent forme-t-il de temps, quels sont-ils, et comment ? 298.

577 — Quel temps dérive du présent de l'affirmatif, et comment ? 298.

578 — Quel temps dérive du passé défini, et comment ? 298.

579 — Quels sont les temps dérivés du participe passé ? 298.

§ V. — VERBES IRRÉGULIERS.

PREMIÈRE CONJUGAISON.

580*— En quoi les verbes en *ger* sont-ils irréguliers ? 299 141*.

581*— En quoi les verbes en *cer* sont-ils irréguliers ? 300 142*.

582*— Quelle observation y a-t-il à faire sur la conjugaison des verbes en *eler* et en *eter*, comme *appeler, jeter* ? 301 144*.

583*— Quels sont les verbes en *eler* et en *eter* qui ne se conjuguent pas sur *appeler* et *jeter* ? 301 144*.

584*— Dans quel cas l'*é* qui, comme dans *répéter*, précède la dernière syllabe de l'infinitif, se change-t-il en *è* ? 302 145*.

585*— L'*e* muet qui, comme dans *mener*, précède la dernière syllabe de l'infinitif, reste-t-il toujours le même dans tout le cours de la conjugaison ? 303 145*.

586*— Quelle observation y a-t-il à faire sur le verbe *élever* et ses analogues ? 304 145*.

587*— Quelle irrégularité y a-t-il dans la conjugaison des verbes en *yer* ? 304 143*.

588*— Tous les verbes en *yer* suivent-ils la même conjugaison ? 304 143*.

589*— Quels sont les irrégularités du verbe *envoyer*?
304 143*.

590*— Comment font les verbes suivants à la première
personne du singulier de chaque temps simple, *employer, plancheyer, rayer,* et *envoyer*? 304 143*.

591*— Quelles sont les formes irrégulières du verbe
aller? 304 146*.

592 — Qu'y a-t-il à observer sur la conjugaison du
verbe *s'en aller*? 304.

593. — Même question que 553.

DEUXIÈME CONJUGAISON.

594*— En quoi les verbes *dormir, mentir, partir, se repentir, sentir, sortir* et *servir,* sont-ils irréguliers?
305 147*.

595* — Qu'y a-t-il à observer sur le verbe *répartir*?
305 147*.

596 — Dans quel cas le verbe *ressortir* est-il irrégulier?
305.

597*— Quels sont les verbes en *ir* qui, au présent de
l'affirmatif et à l'optatif, prennent les finales des verbes en *er*? 306 107*.

598*— Dans quel sens le verbe *saillir* est-il irrégulier?
306 147*.

599*— Comment se conjuguent les composés du verbe
saillir? 306 147*.

600*— Comment se conjuguent les verbes *venir* et *tenir,*
ainsi que leurs composés? 307 147*.

601*— Comment se conjugue le verbe *mourir*? 307 147*.

602*— Comment se conjugue le verbe *acquérir ?* 307 147*.

603*— Quelles sont les formes irrégulières du verbe *fuir ?* 307 147*.

604*— Dans quel cas *béni* s'écrit-il avec un *t ?* 308 147*.

605*— Quelles sont les formes irrégulières du verbe *bouillir ?* 308 147*.

606*— Comment se conjugue le verbe *courir ?* 308 147*.

607* — Quels sont les temps usités du verbe *faillir ?* 308 147*.

608*— Dans quel sens le verbe *fleurir* prend-il *floriss* pour radical ? 308 147*.

609*— Quelles sont les formes usitées des verbes *gésir, haïr, ouïr, vétir ?* 308 147*.

TROISIÈME CONJUGAISON.

610*— Comment se conjuguent les verbes *s'asseoir, seoir, surseoir ?* 309 148*.

611*— Conjuguez les verbes *choir, déchoir, échoir.* 309 148*.

612*— Conjuguez le verbe *devoir.* 309 148*.

613* Conjuguez les verbes *falloir, pleuvoir.* 309 148*.

614*— Comment se conjugue le verbe *mouvoir ?* 309 148*.

615*— Conjuguez les verbes *voir, pourvoir.* 309 148*.

616*— Conjuguez les verbes *valoir, prévaloir.* 309 148*.

617*— Comment se conjugue le verbe *vouloir ?* 309 148*.

618*— Comment se conjugue le verbe *savoir ?* 309 148*.

619*— Comment se conjugue le verbe *pouvoir?* 309
148*.

620*— Comment se conjuguent les verbes terminés en
cevoir, comme *apercevoir?* 309 148*.

621*— Comment conjugue-t-on le verbe *vouloir* à l'impératif? 309 148*.

QUATRIÈME CONJUGAISON.

622*— Comment conjugue-t-on les verbes *absoudre*,
dissoudre, *résoudre?* 310 149*.

623*— Quelles sont les formes irrégulières du verbe
battre? 310 148*.

On fera, sur chacun des autres verbes, des questions
semblables aux précédentes.

CHAP. V. — DES INVARIABLES.

§ I. — DES ADVERBES.

624 — Dans quel cas l'adverbe en *ment* se forme-t-il
par l'addition seule de cette finale? 311.

625 — Quel est l'adverbe d'*impuni?* 311.

626* — Quels sont les adjectifs en *e* muet qui changent cet
e en *é* fermé, pour la formation de leurs adverbes ?
311 151*.

627 — Comment se forme l'adverbe d'un adjectif terminé par une consonne, et quelles sont les exceptions ? 311.

628 — D'après quelles règles sont formés les adverbes suivants : *joliment, rarement, énormément, heureuse-ment, communément* ? 311.

629* — Comment les adjectifs en *ant* et en *ent* forment-ils leurs adverbes ? 312 151*.

630* — Dans quel cas l'adverbe *encore* perd-il son *e* final ? 313 152*.

631* — Dans quel cas *jusque* prend-il une *s* finale ? 314 153*.

632* — Quand fait-on l'élision de l'*e* dans *jusque* ? 314 153*.

633* — Dans quel cas écrit-on *où* et *ou* ? 316 155*.

634* Quelle différence y a-t-il entre *plus tôt* et *plutôt* ? 317 156*.

635* — Dans quel cas l'*e* final de *presque* s'élide-t-il ? 318 157*.

636 — Faut-il écrire *quelque* instruit qu'il soit, ou *quel qu'*instruit qu'il soit ? 446.

637 — Qu'y a-t-il à observer sur les mots *alentour* et *davantage* ? 321 160*.

638* — Qu'y a-t-il à observer sur l'orthographe de l'*a* final des adverbes ? 322 161*.

§ II. — DES PRÉPOSITIONS.

639* — Dans quel cas les mots *à* et *dès* s'écrivent-ils ainsi (avec l'accent grave) ? 324 163*.

640* — Qu'y a-t-il à observer sur les mots *quant* et *quand* ? 325.

641 — Dans quel cas la préposition *entre* prend-elle l'apostrophe ? 326 165*.

§ III. — DES CONJONCTIONS.

642* — Quelle différence y a-t-il entre *parce que* et *par
ce que* ? 327 166*.

643* — Dans quel cas l'*e* final des conjonctions *puisque
lorsque* et *quoique* s'élide-t-il ? 327 166*.

644* — Quelle différence y a-t-il entre *quoique* et *qu
que* ? 328 167*.

645 — Dans quel cas l'*i* de la conjonction *si* s'élide-
t-il ? 329.

§ IV. — DES EXCLAMATIONS.

646* — Quelle différence y a-t-il entre *ah !* et *ha !* 33
169*.

647* — Quel est l'emploi de *oh ! ho ! ô !* 331 170*.

648* — Quel est l'emploi de *hé ! eh !* 332 171*.

3

LIVRE QUATRIÈME.

DE LA SYNTAXE.

CHAP. Ier. — DE L'ANALYSE LOGIQUE.

SECTION PREMIÈRE.

DE LA PROPOSITION ET DES DIFFÉRENTES PARTIES QUI LA COMPOSENT.

649 — Qu'appelle-t-on les *éléments logiques* de la proposition ? 333.

650 — Quelle différence y a-t-il entre les *éléments logiques* et les *éléments grammaticaux* de la proposition ? 333.

651 — Combien en grammaire reconnaît-on d'espèces d'analyse ? 334.

652 — Quelle différence y a-t-il entre *l'analyse grammaticale* et *l'analyse logique* ? 334.

653* — Quelle espèce de mot peut être *sujet* d'une proposition ? 335 174*.

654* — Quel est le verbe d'une proposition ? 336 175*.

655* — Par quelle espèce de mot est exprimé *l'attribut* d'une proposition ? 337 176*.

§ I. — DU SUJET ET DE L'ATTRIBUT.

656* — Quand le *sujet* d'une proposition est-il *simple* ? 338 177*.

657*— Énoncez une proposition dont le *sujet* soit *simple*. 338 175*.

658*— Quand le *sujet* d'une proposition est-il *composé?* 338 177*.

659*— Énoncez une proposition dont le *sujet* soit *composé?* 338 177*.

660*— Quand l'*attribut* d'une proposition est-il *simple?* 339 177*.

661*— Quand l'*attribut* d'une proposition est-il *composé?* 339 177*.

662*— Énoncez une proposition dont l'*attribut* soit *simple*. 339 176*.

663*— Énoncez une proposition dont l'*attribut* soit *composé?* 339 177*.

664*— Qu'y a-t-il à observer sur la proposition suivante : l'*or* et le *cuivre* sont *jaunes* et *ductiles*. 339 177*.

665*— Qu'entend-on généralement par un *sujet* et un *attribut multiples?* 340 177*.

666*— Quand le *sujet* est-il *modifié?* 341 178*.

667*— Quand l'*attribut* est-il *modifié?* 341 178*.

668*— Quand le *sujet* est-il *non modifié?* 341 178*.

669*— Quelle différence y a-t-il entre un *sujet composé* et un *sujet modifié?* 338 341* 177 178*.

670*— Qu'est-ce qu'on entend généralement par un *sujet complexe?* 342 178*.

671*— Quand l'*attribut* est-il *complexe?* 342 178*.

672*— Qu'entend-on par une *proposition complexe?* 342 178*.

673 — Faites l'analyse logique de la proposition suivante : *Le plaisir que procure une bonne action est bien doux*. 342 à 348.

674*— Quelle différence y a-t-il entre le *sujet logique* et le *sujet grammatical?* 343 344 179*.

675*— Qu'entend-on par un *attribut logique?* 343 179*.

676*— Faites l'analyse logique de la proposition suivante : *L'espérance, soutien des malheureux, est un don divin.* 338 à 346 179*.

§ II. — Diverses espèces de propositions.

677*— Quand une *proposition* est-elle *pleine?* 346 180*.

678*— Quand une *proposition* est-elle *elliptique?* 346 180*.

679*— Quand une *proposition* est-elle *explétive?* 346 180*.

680*— Déterminez l'espèce de chacune des propositions suivantes : *je le verrai, moi-même ; soyez tranquille.* 346 180*.

681*— Qu'est-ce qu'une *proposition explicite?* 347 181*.

682*— Qu'est-ce qu'une *proposition implicite?* 347 181*.

683*— Quelle différence y a-t-il entre la *proposition implicite* et la *proposition elliptique?* 347 181*.

684*— Quelle différence y a-t-il entre les propositions suivantes : *cet enfant est aimant, il aime, hélas ! bon.* 347 181*.

685*— Qu'est-ce qu'une *proposition directe?* 348 182*.

686*— Qu'est-ce qu'une *proposition inverse?* 348 182*.

687*— Quelle différence y a-t-il entre les deux propositions suivantes : *Il est heureux, tel fut son sort.* 348 182*.

§ III. — Des compléments.

688*— Dans une proposition, qu'appelle-t-on *complément?* 349 183*.

689*— Qu'est-ce qu'un *complément déterminatif* ? 350 184*.

690*— Qu'est-ce qu'un *complément qualificatif* ? 350 184*.

691 — Pourquoi le complément qualificatif est-il aussi appelé *identique* ? 351.

692 — Quand le complément qualificatif est-il *essentiel* ? 352.

693 — Quand le complément qualificatif est-il *accessoire* ? 352.

694 — Déterminez l'espèce de chacun des compléments dans les phrases suivantes : La crainte *de Dieu* est le commencement *de la sagesse*. La crainte *qu'il inspire* est *grande*. Le repos *après le travail* est légitime. Un *trop long* repos est nuisible. La *noire* ingratitude nous révolte. 349 à 353.

695 — Qu'est-ce qu'un *complément attributif* ? 353.

696 — Comment se divise le *complément attributif* ? 354.

697*— Quel est le complément du verbe *être* ? 355 185*.

698 — Dans les propositions quelles sont les parties qu'on appelle *incises* ? 356.

699*— Faites l'analyse logique de la proposition suivante : *Les plaisirs de la campagne sont purs.* 359 185*.

700*— Faites l'analyse logique de la proposition suivante : *La Géographie et l'Histoire sont inséparables.* 360 185*.

701*— Faites l'analyse logique de la proposition suivante : *Le mensonge est tôt ou tard découvert.* 361 185*.

702*— Faites l'analyse logique de la proposition suivante : *Dieu est juste et puissant.* 362 185*.

703*—Faites l'analyse logique des propositions suivantes:
Il est en colère, il est en prison. 363 185*.

704*—Faites l'analyse logique des propositions suivantes : *Le remords tourmente le criminel. L'oisiveté
nuit à la santé. Tout vient de Dieu. La tortue marche
lentement.* 365 185*.

705*— L'infinitif constitue-t-il une proposition proprement dite ? 366 190*.

706*— Combien y a-t-il de propositions dans, *je vais
tâcher de me faire exempter.* 366 190*.

SECTION II.

DES PROPOSITIONS RELATIVES.

707.— Comment appelle-t-on une proposition considérée seule, sans aucun rapport avec une autre ? 367.

708*— Qu'est-ce qu'une *proposition relative ?* 367 189*.

709*— Quand une *proposition* est-elle *primordiale ?* 368
186*.

710*— Quand une *proposition* est-elle *complétive ?* 368
186*.

711*— Donnez une phrase qui renferme une proposition primordiale et une complétive. 368 186*.

712*— Quels autres noms donne-t-on à la proposition
primordiale et à la complétive ? 368 186*.

713*— Qu'est-ce qu'une *proposition complétive totale ?*
369 187*.

714*— Donnez un exemple d'une proposition complétive totale. 369 187*.

715*— Qu'est-ce qu'une *proposition complétive partielle ?*
369 187*.

716*— Donnez un exemple d'une proposition complétive partielle. 369 187*.

717*— Quel autre nom donne-t-on à la proposition complétive partielle ? 369 187*.

718*— Comment divise-t-on la proposition complétive partielle ? 370 188*.

719*— Quand une proposition complétive partielle est-elle explicative ? 370 188*.

720*— Quand une proposition complétive partielle est-elle déterminative ? 370 188*.

721*— Faites l'analyse logique des phrases suivantes :
Le temps que nous avons perdu ne reviendra jamais.
Le temps, qui passe si rapidement sur nos plaisirs, semble s'arrêter sur nos peines. Mon secret est mon esclave ; s'il m'échappait, il deviendrait mon maître. 367 à 371 186 à 191*.

CHAP. II. — DU SUBSTANTIF.

SECTION PREMIÈRE.

§ I. — Nombre des substantifs pris matériellement.

722 — Qu'y a-t-il à observer sur le nombre des substantifs pris matériellement, comme dans les *pourquoi* deux *il*, des *holà*, etc.? 372.

§ II. — Nombre des substantifs propres.

723*— Dans quel cas un substantif propre employé au pluriel ne prend-il pas le signe de ce nombre ? 373 374 192*.

724*— Dans quel cas un substantif propre prend-il e signe du pluriel ? 374 192*.

725*— Comment écrirez-vous : Les *Condé* et les *Turenne* ont sauvé la France. Quand nous aurons des *Racine*, nous ne manquerons pas de *Talma* ? 373 192*.

726 — Doit-on écrire avec ou sans le signe du pluriel Les deux *Sénèque* sont nés en Espagne. 374.

727*— Quels sont les substantifs propres désignnt des individus ou des familles qui prennent le signe du pluriel? 375 193*.

§ III. — Nombre des substantifs dérivés de langues étrangères.

728*— Dans quel cas les substantifs dérivés de langues étrangères ne prennent-ils pas le signe du pluriel? 375 193*.

729*— Les substantifs dérivés de langues étrangères doivent-ils prendre le signe du pluriel quand ils sont employés à ce nombre ? 376 193*.

730 — Quelle objection peut-on faire à ceux qui veulent écrire au pluriel des *opéra*, des *récépissé*, des *quolibet*, 376.

731 — Pourquoi écrit-on des *lazzis* avec un *s*, et des *carbonari* sans ce signe de pluralité ? 376.

§ IV. — NOMBRE DES SUBSTANTIFS COMPOSÉS.

732*— Quelle règle doit-on suivre pour le pluriel des substantifs composés ? 378 194*.

733*— Comment écrivez-vous au pluriel les expressions substantives : *garde-vue, garde-malade, plate-bande, terre-plein, blanc-seing, blanc-manger, appui-main, passe-partout, arrière-pensée*, et quelle règle suivez-vous pour l'orthographe de chacune d'elles ? 378 194*.

734*— Donnez quelques expressions substantives employées au singulier et dont cependant l'un des mots soit mis au pluriel. 378 194*.

735*— Pourquoi écrit-on couvre-*pieds* avec un *s*, et des tire-*pied* sans ce signe de pluralité ? 378 194*.

736*— Quelle est l'orthographe des expressions suivantes employées au pluriel : *coq-en-pâte, coq-à-l'âne, chef-d'œuvre, tête-à-tête, boute-en-train, pied-à-terre, croc-en-jambe* ? 378 194*.

§ V. — EMPLOI DU NOMBRE.

737 — Pourquoi dans les expressions des queues de *cheval*, des peaux de *tigre*, des voix d'*homme*, les substantifs *cheval, tigre* et *homme* restent-ils au singulier ? 380.

738 —. Pourquoi écrit-on au singulier des têtes de *cheval* et au pluriel des têtes d'*animaux* ? 381.

739 — D'où vient la différence d'orthographe entre des peaux de *lion*, et des peaux de *lions* tués à la chasse, des œufs de *poule* et des œufs d'*oiseaux* ? 381

740*— Doit-on écrire au singulier ou au pluriel le second substantif dans sucre de *pomme*, pâte *d'amande*, compote de *pomme*, gâteau *d'amande*, fécule de *pomme* de terre, ragoût de *pomme* de terre? 382 196*.

741* — D'où vient la différence d'orthographe entre : un bouquet *d'œillets* et un bouquet de *jasmin*; un homme aimable a deux sortes *d'esprit*, il y a plusieurs sortes de *mots*. 383 197 198*.

742* — Pourquoi écrit-on au singulier, il est avide de *gloire*, et au pluriel, il est insatiable de *louanges*? 384 199*.

743* — Doit-on écrire au singulier ou au pluriel : je les prends à *témoin*, il est sans *ami*, il se nourrit de *poisson*, il a beaucoup de *plaisir*? 384 199*.

744* — Doit-on écrire au singulier ou au pluriel : Ces deux enfants ont perdu *leur père* et *leur fortune*. 385 200*.

745* — Dans quel cas doit-on employer le singulier ou le pluriel après *tout* et *quelque*? 386 387* 201 202.

746* — Faut-il écrire au singulier ou au pluriel l'un et l'autre *livre*, le premier et le second *volume*? 388 203*.

SECTION II.

OBSERVATIONS SUR LE GENRE DE QUELQUES SUBSTANTIFS:

747* — Qu'y a-t-il à observer sur le genre du substantif *aigle*? 389 205*.

748* — Dans quel cas *amour* est-il du féminin ? 390 204*.

749 — De quel genre est *automne*? 391.

750*— Qu'y a-t-il à observer sur le genre de *couple* ? 392 206*.

751*— Quel est le genre de *délice* ? 393 204*.

752*— Dans quel cas *enfant* est-il du féminin ? 394 207*.

753*— Quel est le genre d'*espace* ? 395 216*.

754*— Dans quel cas *exemple* est-il féminin ? 396 216*.

755*— De quel genre est *foudre* ? 397 208*.

756*— Quelle différence y a-t-il entre des *gardes nationaux* et des *gardes nationales* ? 398 216*.

757 — Qu'y a-t-il à observer sur le genre de *gens*, ou plutôt sur celui des mots en relation avec ce substantif ? 399.

758*— De quel genre est *hymne* ? 400 209*.

759*— Dans quel cas *interligne* est-il du féminin ? 401 216*.

760*— Quel est le genre d'*office* ? 402 211*.

761*— Quel est le genre d'*œuvre* ? 403 210*.

762*— Dans quel cas *orge* est-il du masculin ? 404 212*.

763*— Qu'y a-t-il à observer sur le genre d'*orgue* ? 405 204*.

764*— Quel est le genre de *Pâque* ? 406 213*.

765*— Dans quel cas *période* est-il du masculin ? 407 216*.

766*— Qu'y a-t-il à remarquer sur le genre de *personne* ? 408 214*.

767*— Qu'observerez-vous sur le genre de *quelque chose* ? 409 215*.

768 — *Autre chose* est-il masculin ou féminin ? 409.

769*— Qu'y a-t-il à observer sur le genre des substantifs *jujube* et *réglisse* ? 410 216*.

770*— Ajoutez aux substantifs suivants des adjectifs qui

en fassent connaître le genre: *Amadou, autel, écritoire, antre, enclume, atmosphère, épiderme, sandaraque, sentinelle, armistice, cigarre, alcove, érysipèle, ulcère, ébène, décrottoire, dinde, incendie.* 411 217 218*.

SECTION III.

CONSTRUCTION.

§ I. — SUBSTANTIF SUJET.

771 — Quelle est la place ordinaire du substantif sujet ? 412.

772 — Le substantif sujet est-il toujours placé avant le verbe ? 412.

§ II. — SUBSTANTIF COMPLÉMENT.

773* — Quand un verbe a deux compléments à peu près d'égale longueur, quelle est la place de chacun ? 413 219*.

774* — Quand un verbe a deux compléments d'inégale longueur, quelle doit être la place de chacun ? 414 219*.

775* — Pourquoi la phrase suivante : Je *connais* et me *sers de mes avantages*, présente-t-elle une faute ? 415 220*.

776* — Dans quel cas deux mots ne peuvent-ils être suivis d'un même complément? 415 220*.

§ III. — ELLIPSE DU SUBSTANTIF.

777. — Faut-il dire, les langues *anglaise*, *française et allemande* ? L'histoire *ancienne et moderne* ? 416.

CHAP. III. — DE L'ADJECTIF.

SECTION PREMIÈRE.

ORTHOGRAPHE.

§ I. — DE L'ADJECTIF QUALIFICATIF.

778* — Comment l'adjectif qualificatif s'accorde-t-il avec son substantif ? 417 221*.

779* — Qu'y a-t-il à observer sur l'adjectif *feu* ? 418 222*.

780' — Qu'y a-t-il à observer sur l'adjectif *nu* ? 419 223*.

781* — A quelle règle est soumis le mot *demi* ? 420 224*.

782* — Quelle observation y a-t-il à faire sur l'adjectif qualificatif en rapport avec le substantif *gens* ? 421 225*.

783 — Dans quel cas l'adjectif qualificatif en rapport avec des mots pluriels reste-t-il au singulier ? 422.

784*. — Dans quel cas met-on au féminin l'adjectif qua-

lificatif en relation avec les pronoms *on* et *quiconque ?*
423 226*.

785*— Dans quel cas met-on au pluriel l'adjectif qualificatif en relation avec le pronom *on ?* 423 226*.

786*— A quelle règle sont soumises les expressions suivantes : des gazes *orange*, des rubans *vert-foncé*, etc. ?
424 227*.

787*— Donnez quelques phrases où les mêmes mots
soient employés tantôt comme adjectifs et tantôt comme
adverbes. 425 228*.

788*— Dans quel cas *même* est-il adjectif ? 426 229*.

789*— Dans quel cas *même* est-il adverbe ? 426 229*.

790 — Qu'y a-t-il à observer sur les expressions *ci-joint
ci-inclus ?* 427.

791*— Quelles sont les principales expressions adjectives, et quelle en est l'orthographe au pluriel ? 428 230*.

792*— A quel nombre met-on l'adjectif qui se rapporte
à plusieurs substantifs ? 429 231*.

793*— A quel genre et à quel nombre met-on l'adjectif
qui se rapporte à des substantifs de genre différent ?
430 231*.

794 — Quelle observation y a-t-il à faire sur la phrase
suivante : Il avait les yeux et la bouche *ouverte ?* 430.

795*— Dans quel cas un adjectif précédé de plusieurs
substantifs ne s'accorde-t-il qu'avec le dernier ? 431
231*

796*— A quelles règles se rapportent les trois exemples
suivants : Il avait un zèle et un courage *extraordinaires*.
Ses talents et ses vertus furent *récompensés*. Il s'est
distingué par une prudence, une sagesse peu com-
mune ? 429 à 432 231 à 233*.

797 — Comment doit-on écrire l'adjectif dans la phrase suivante : Sa vertu, ainsi que son mérite, est *reconnue ?* 432.

798 — Comment doit-on écrire l'adjectif précédé de plusieurs substantifs séparés par la conjonction *ou ?* 433.

799* — A quelle règle se rapportent les deux exemples suivants : Une masse de maisons *construites* en briques; une masse de maisons *désagréable* à la vue? 434 232*.

800 — Quelle règle suit-on pour l'orthographe de l'adjectif précédé de l'expression *avoir l'air ?* 435.

§ II. — DES ADJECTIFS DÉTERMINATIFS.

801* — Qu'y a-t-il à observer sur l'accord des adjectifs déterminatifs? 436 233*.

ADJECTIF DÉTERMINATIF NUMÉRAL.

802* — Qu'y a-t-il à observer sur les adjectifs déterminatifs numéraux employés au pluriel? 437 234*.

803* — Dans quel cas quatre-*vingt* et *cent* prennent-ils le signe du pluriel? 438 235*.

804* — Quand *mille* prend-il le signe du pluriel? 439 236*.

805* — Dans quel cas écrit-on *mil*, adjectif numéral? 439 236*.

806* — Dans la supputation des années, *mil* s'écrit-il toujours ainsi? 439 236*.

807 — *Million* est-il, comme *mille*, un adjectif déterminatif numéral? 440.

808 — Quand emploie-t-on le tiret dans l'expression des nombres ? 441.

809 — Quels sont les adjectifs déterminatifs numéraux qui expriment une quantité indéterminée? 442.

810*— Dans quel cas *aucun* et *nul* prennent-ils le signe du pluriel ? 443 237*.

811*— Dans quel cas *quelque* s'écrit-il en un seul mot ? 445 446 238*

812*— Dans quel cas *quelque* s'écrit-il en deux mots ? 447 238*.

813*— Quelle est l'orthographe de *quelque* modifiant un substantif ? 445 238*.

814*— Quelle est l'orthographe de *quelque* modifiant adjectif ou un adverbe ? 446 238*.

815*— Pourquoi dans ces deux phrases, *Quelques* bons conseils qu'on lui donne, il ne les suit pas, et *quelque* bons que soient mes conseils, il ne les suit pas, l'orthographe de *quelque* n'est-elle pas la même ? 445, 446 238*.

816*— Quand *quel que* s'écrit en deux mots, avec quoi s'accorde *quel?* 447 238*.

817*— Donnez un exemple où *quelque* signifie *environ*. 446 238*.

818*— Justifiez l'orthographe de *quelque* dans les phrases suivantes : *Quels que* soient sa fortune et son rang, *quelle que* soit sa fortune ou son rang? 448 238*.

819*— Qu'y a-t-il à observer sur l'accord de l'adjectif *tout ?* 449 239*.

820*— Dans quel cas *tout* est-il invariable? 450 239*.

821*— L'adverbe *out* est-il toujours invariable? 450 239*.

822*— Sur quelle règle est fondée l'orthographe du mot *tout* dans les expressions suivantes : *Toute* étude lui déplaît. Elle est *tout* étourdie, *toute* stupéfaite. Le chien est *tout* obéissance. 449 à 456 239*.

823 — Pourquoi le mot *tout* ne s'écrit-il pas de même dans les deux phrases suivantes : Je préférerais *toute* autre récompense. Je préférerais une *tout* autre récompense? 451.

824*— Quelle règle doit-on observer pour l'orthographe de l'adjectif déterminatif qui précède immédiatement le substantif *gens?* 456 240*.

825 — Quelle règle doit-on observer pour l'orthographe de l'adjectif déterminatif séparé du substantif *gens* par un autre adjectif? 457.

SECTION II.

CONSTRUCTION.

826*— Qu'y a-t-il à observer sur la construction de l'adjectif qualificatif? 458 à 462 241*.

827 — A quelle règle de construction sont soumis les adjectifs dans les exemples suivants : un homme *connu*, un habit *noir*, un instrument *sonore*, une *longue* maladie, une maladie *incurable*, un homme *honnête*, un *honnête* homme? 458 à 462.

SECTION III.

EMPLOI.

§ I. — DE L'ADJECTIF QUALIFICATIF.

828*— Qu'y a-t-il à observer sur l'adjectif *pardonnable?* 462 242*.

3*

829*— Lequel de ces deux vers est exact : Un trône, *quel qu'il soit*, n'est pas à dédaigner. — Le plus fin, *tel qu'il soit*, en est toujours la dupe. 463 242*.

830*— Quelle faute y a-t-il dans cette phrase : Je sortirai, *tel temps* qu'il fasse. 463 242*.

831*— En quoi l'emploi des adjectifs suivants est-il vicieux, tempête *orageuse*, cadavre *inanimé?* 464 242*.

§ II. — DE L'ADJECTIF DÉTERMINATIF.

832 — Qu'y a-t-il à observer sur la construction de l'adjectif déterminatif ? 467.

833 — Prouvez que les mots *le* , *la* , *les*, peuvent être classés dans les adjectifs déterminatifs. 468.

834*— Dans quel cas supprime-t-on l'adjectif déterminatif? 469 243*.

835*— Quelle différence y a-t-il entre *entendre raillerie* et *entendre* la *raillerie?* 470 243*.

836 — En quoi les expressions suivantes sont-elle vicieuses : *Les maires et sous-préfets*, *vos pères et mères*, *ses frères et sœurs?* 471.

837 — Faut-il dire *les* onzième et douzième régiments ? 471.

38 — Citez quelques substantifs propres précédés de l'adjectif déterminatif *le*, *la* , *les* , et donnez la raison de l'emploi de cet adjectif. 472.

839 — Pourquoi dit-on : topaze *du* Brésil et bois *de* Brésil, vernis *de la* Chine , porcelaine *du* Japon et encre *de* Chine, pierre *d'*Italie? 473.

840*— Pourquoi dit-on : De toutes les femmes elle est *la*

plus heureuse; c'est auprès de ses enfants qu'elle est *le* plus heureuse? 474 244*.

841*— Dans quel cas emploie-t-on *le* invariable avant les expressions comparatives *plus, moins, mieux,* etc. ? 475 244*.

842*— Quelle différence y a-t-il entre : Cette pièce est une de celles qui furent *les* plus applaudies, et cette pièce est une de celles qui furent *le* plus applaudies. 474 244*.

843*— Dans quel cas emploie-t-on l'adjectif déterminatif *du, de l', de la, des,* avant un substantif complément d'un adjectif, d'un adverbe, ou complément indirect d'un verbe ? 476 245*.

844*— De quelle règle dépendent les exemples suivants : *orné de* fleurs, beaucoup *de* livres, s'emparer *d'*armes, et orné *des* fleurs les plus rares, il me reste beaucoup *des* livres qu'on m'a donnés, s'emparer *des* armes? 476 245*.

845*— Pourquoi dit-on avec l'adjectif déterminatif : *du* pain me suffit, je prends *du* pain, avec *des* fruits; et sans cet adjectif, *de* bon pain, *d'*excellents fruits, je ne prends pas *de* pain. 477 245*.

846*— Pourquoi dit-on *des* petits-pois, et *de* bons pois ? 477 245*.

847*— Quelle différence y a-t-il entre : *des* petits-maîtres et *de* petits maîtres, *des* petits pâtés et *de* petits pâtés, *des* grand' rues et *de* grandes rues, *des* bons-mots et *de* bons mots ? 477 245*.

848*— Peut-on dire : j'ai *du* bon vin, je ne veux pas *du* vin. 478 245*.

849*— Quelle est la différence entre : n'y a-t-il pas *de*

soldats ? et n'y a-t-il pas *des* soldats ? 482 245².

850 — Dans quel cas l'adjectif possessif est-il vicieux, et dans quel cas donne-t-il de la force à l'expression ? 483.

851 — Quelle différence y a-t-il entre : *se* faire *la* barbe, et faire *sa* barbe, je souffre à *mon* bras, je souffre *au* bras ? 483, 484.

852 — Dans quel cas emploie-t-on après *chacun* les adjectifs possessifs *son, sa, ses,* ou *leur, leurs ?* 485.

853 — Rendez compte de l'adjectif déterminatif dans les exemples suivants : ils ont fourni chacun *leur* contingent. Ils ont contribué, chacun selon *ses* moyens. 485.

854 — Pourquoi dit-on : Mettez ces livres chacun à *leur* place, rangez ces livres chacun à *sa* place. 486 à 489.

855 — Quelle observation y a-t-il à faire sur les phrases suivantes : Obéissez à *vos* père et mère. *Les* préfets et sous-préfets furent destitués. 489.

CHAP. IV. — DU PRONOM.

SECTION PREMIÈRE.

ORTHOGRAPHE.

856² — Les fruits et les fleurs *auxquels* il donnait ses soins sont détruits. Pourquoi dans cet exemple le pronom conjonctif est-il au masculin pluriel ? 490 *bis* 246².

857²— Il a un courage, une intrépidité à *laquelle* rien ne

résiste. Pourquoi dans cet exemple le pronom conjonctif est-il au féminin singulier? 490 *bis* 246*.

858 — Le pronom *celui* doit-il être toujours du même nombre que le substantif qui le précède? 490 *bis*.

SECTION II.

CONSTRUCTION ET EMPLOI.

§ I. — PRONOMS SUBJECTIFS.

859 — Quelle est la place ordinaire du pronom sujet. 491.

860 — Donnez quelques exemples où le pronom sujet soit placé après le verbe. 491.

861 — Quelle observation y a-t-il à faire sur l'ordre à suivre dans la construction des pronoms de personnes différentes? 492.

862 — Dans quel cas supprime-t-on le pronom sujet déjà exprimé? 493.

863 — Quand est-il nécessaire de répéter le pronom sujet? 493.

864 — A quelle observation donne lieu l'exemple suivant : J'ai trompé les mortels, et *ne puis* me tromper. 493.

865 — Qu'est-ce qu'un *pléonasme?* 494.

866 — Combien y a-t-il de sortes de pléonasmes? 493.

867 — Donnez un exemple d'un pronom sujet formant un pléonasme nécessaire. 494.

868 — Donnez un exemple d'un pronom sujet formant un pléonasme utile. 494.

869 — Donnez un exemple d'un pronom sujet formant un pléonasme vicieux. 495.

870* — Quelle observation y a-t-il à faire sur la phrase suivante : Molière a surpassé Plaute dans ce qu'*il* a fait de meilleur ? 496 247*.

871* — Relativement à la clarté, quelle observation y a-t-il à faire sur les pronoms subjectifs ? 493 247*.

§ II. — PRONOMS COMPLÉTIFS.

872 — Peut-on dire également : Sortez, et *me* laissez dormir. Sortez, et laissez-*moi* dormir. 497.

873 — Qu'y a-t-il à observer sur les deux phrases suivantes : Je *le* veux voir, je veux *le* voir. 498.

874* — Dans quel cas s'emploie le pronom *soi* ? 499 248*.

875* — Le pronom *soi* est-il bien employé dans cet exemple de Fénelon : Idoménée revenant à *soi* remercia ses amis. 499 248*.

876 — Donnez un exemple où l'emploi de *lui* pour *soi* présenterait une équivoque. 499.

877* — Le pronom *soi* peut-il se rapporter à un substantif pluriel ? 499 248*.

878* — Donnez un exemple où le pronom *soi* se rapporte à un substantif pluriel. 499 248*.

879* — D'après quelle règle dit-on d'un enfant : Donnez-*lui* vos soins, et d'une affaire, donnez-*y* vos soins. 500 249*.

880* — *Lui*, comme complément indirect, peut-il se dire des choses ? 500 248*.

8 1 — *Y*, comme complément indirect, peut-il se dire des personnes ? 500.

882*— Dans quel cas emploie-t-on *en* pour *de lui,
d'elle,* etc. ? 5o1 25o*.

883*— Quelle différence y a-t-il entre : Cet homme *impose,* et cet homme *en impose ?* 5o2 251*.

884*— Pourquoi ne dit-on pas généralement, en parlant
d'une ville : Je connais *ses* agréments, j'admire *sa* si-
tuation ; en parlant de tableaux : Chacun admire *leur*
coloris ? 5o3 252*.

885*— Faut-il dire : Le temps fuit, *sa* perte est irréparable ; ou, *la* perte *en* est irréparable. 5o4 252*.

886 — C'est *lui,* c'est *elle,* ce sont *eux,* ce sont *elles,*
peuvent-ils se dire également des objets animés et des
objets inanimés ? 5o5.

887*— Donnez quelques exemples où le pronom *le* signifie *cela,* et ne se rapporte pas à un substantif dé-
terminé. 5o6 253*.

888*— Pourquoi la phrase suivante présente-t-elle une
faute : Si elle est heureuse, elle ne *la* sera pas long-
temps? 5o6 253*.

889ˣ— Peut-on dire : Si vous êtes satisfaites, mesdames,
je *le* serai aussi. 5o6 253*.

89o*— Quelle faute présente la phrase suivante : Je vous
ai prêté un livre, rendez-*moi-le.* 51o 254*.

891 — Comment remplace-t-on les expressions *menez-
m'y, envoyez-l'y, promène-t'y?* 51o.

892 — Pourquoi la phrase suivante est-elle vicieuse : Il
m'a prêté des livres, et *je lui* rendrai. 51 1,

§ III. — Pronoms conjonctifs

893*— Quelle observation y a-t-il à faire sur la construction des pronoms conjonctifs ? 514 255*.

894*— Y a-t-il une faute dans la phrase suivante : J'ai rencontré une dame il y a une semaine, qui m'a beaucoup parlé de vous. 514 255*.

895*— En quoi la phrase suivante est-elle vicieuse : J'ai lu avec plaisir cet ouvrage qui a été composé par une personne qui est versée dans les sciences qui ont pour objet l'étude de la nature. 516 256*.

896 — De ces deux vers : Tel qui rit vendredi, dimanche pleurera. — Tel donne à pleines mains, qui n'oblige personne, lequel est le plus correct ? 518.

897 — Quelle faute présente la phrase suivante : Il a fait une comédie que je ne crois pas qui réussira. 519.

898*— Quelle est la règle sur l'emploi de *à qui, auquel?* 520 257*.

899 — Quand emploie-t-on *où* pour *auquel?* 522.

900*— Quelle différence y a-t-il entre *dont, de qui,* et *duquel?* 524 525 258*.

901 — Quelle différence y a-t-il entre : La maison d'*où* je sors, et la maison *dont* je sors? 526.

902*— Pourquoi ce vers de Boileau : C'est à vous, mon esprit, *à qui* je veux parler, présente-t-il une faute ? 527 257*.

PRONOMS DÉMONSTRATIFS.

§ I.— CE, CELA, CECI.

903 — Faut-il dire : *Cela* est vrai, ou *c'*est vrai? 529.

904 — Quand emploie-t-on *ce* pour *il, elle, ils, elles?* 530.

905 — Quelle différence y a-t-il entre : Quelle heure est-*ce,* et quelle heure est-*il?* 531.

906*— Quel est l'emploi de *ceci* et de *cela* ? 532 260*.

907 — Quelle observation y a-t-il à faire sur l'emploi de *ce* dans les phrases suivantes : La vraie noblesse, *c'est* d'être vertueux. La vraie noblesse, *c'est* la vertu ? 533.

908 — L'influence du luxe se répand sur toutes les classes, même sur celle du laboureur. Cette phrase de Marmontel présente-t-elle une faute ? 535.

909 — Faut-il dire : La férocité du tigre l'emporte su le lion. 537.

910 — Peut-on dire : L'orfraie n'a pas la vue aussi perçante que l'aigle. 537.

911*— Quand on emploie les expressions pronominales *celui-ci, celui-là*, quel est le rapport de chacune d'elles ? 539 260*.

912 — Quelle différence y a-t-il entre : *Celui-là* vit heureux qui vit ignoré, et *celui* qui vit ignoré vit heureux. 540.

913 — Les pronoms *celui, celle, ceux, celles*, peuvent-ils être immédiatement suivis d'un adjectif ou d'un participe ? 541.

§ II. — ON, L'ON.

914*— Quelle règle peut-on donner sur l'emploi de *on* et de *l'on* ? 542 261*.

915*— Quelle observation y a-t-il à faire sur la phrase suivante : Quand *on* est aimable, *on* vous aime. 543 262*.

916 — Les pronoms *nous* et *vous* peuvent-ils être en rapport avec *n* ? 544.

4

917 — Dans quel cas *on* remplace-t-il d'autres pronoms ? 544.

§ III. — L'un, l'autre.

918* — Quelle différence y a-t-il entre *l'un*, *l'autre*, et *l'un et l'autre?* 547 263*.

919* — Quand on emploie les expressions pronominales *l'un*, *l'autre*, quel est le rapport de chacune d'elles ? 548 263*.

920 — Quelle observation y a-t-il à faire sur les phrases suivantes : Je demande justice, il faut qu'on me *la* fasse. J'ai fait fortune en Angleterre, je ne *l*'aurais pas faite en France ? 549.

CHAP. V. — DU VERBE.

SECTION PREMIÈRE.

ACCORD DU VERBE AVEC SON SUJET

921* — Qu'y a-t-il à observer sur l'accord du verbe avec son sujet ? 550 271*.

922* — A quelle règle le verbe est-il soumis dans les phrases suivantes : L'or et la grandeur rendent-ils heureux ? L'or, la grandeur, peuvent-ils rendre heureux ? Ni l'or ni la grandeur ne nous rendent heureux ? 551 272*.

923* — Dans quel cas met-on au pluriel le verbe qui est en rapport avec plusieurs substantifs ? 551 272*.

924* — Faut-il dire : L'un et l'autre me convient, ni l'un ni l'autre ne me plaît. 551 272*.

925*— Dans quel cas ne peut-on faire usage du pluriel après *ni l'un ni l'autre* ou après deux substantifs construits avec la conjonction *ni ?* 551 272*.

926*— Ce prince, autant que ses peuples, *aspire* à la paix. Pourquoi le verbe de cette phrase est-il au singulier ? 552 273*.

927*— Quand deux sujets sont séparés par les conjonctions comparatives *comme, de même que*, etc., avec lequel doit s'accorder le verbe ? 552 273*.

928*— Dans quel cas le verbe précédé de plusieurs substantifs non liés par une conjonction ne s'accorde-t-il qu'avec le dernier ? 554 274*.

929*— A quelle règle est soumis le verbe de la phrase suivante : Mon père ou ma mère *viendra ?* 555 275*.

930*— Quand deux sujets de troisième personne sont séparés par la conjonction *ou*, avec lequel doit s'accorder le verbe ? 555 à 558 275*.

931*— Qu'y a-t-il à observer sur l'accord du verbe dans cette phrase de La Fontaine : Le roi, l'âne ou moi, nous *mourrons ?* 557 275*.

932*— Quand le verbe se rapporte à plusieurs sujets de différentes personnes, à quel nombre et à quelle personne se met-il ? 558 276*.

933*— A quel genre, à quel nombre et à quelle personne doivent être mis les mots en rapport avec le pronom conjonctif *qui ?* 559 277*.

934*— Pourquoi ne faut-il pas dire : C'est moi qui *viendra*. 560 277*.

935 — Peut-on dire avec Molière : Ce n'est pas moi qui se *ferait* prier. 560.

936*— Pourquoi dans ces deux phrases : Vous êtes deux bons élèves qui *remporterez* les premiers prix; vous êtes les deux bons élèves qui *remporteront* les premiers prix, y a-t-il une différence dans la personne des verbes? 561 277*.

937*— Pourquoi dans : Je suis *le seul* qui *ait* dit cela, le verbe doit-il être à la troisième personne? 561 278*.

938 — A quelle observation donnent lieu les deux phrases suivantes : C'est *un* de mes procès qui m'*a* ruiné. C'est *un* des procès qui m'*ont* ruiné. 562.

939*— A quelle règle se rapporte l'accord du verbe dans les phrases suivantes : C'est plus le général que les officiers, qui *est* blâmable. C'est moins le général que les officiers qui *sont* blâmables. 563 278*.

940*— Quelle règle peut-on suivre pour l'emploi du nombre dans les verbes après les substantifs dits collectifs? 565, 566 279*.

941*— Expliquez la différence du nombre dans les verbes et dans les adjectifs des phrases suivantes : Une foule d'enfants, *attirés* par ce spectacle, *encombrait* la rue. Une foule d'enfants, *composée* d'écoliers, *couraient* dans la rue. 567 279*.

942*— Quand le sujet grammatical et son complément pluriel fixent également l'attention, avec lequel s'accorde généralement le verbe? 570 279*.

943 — Que faut-il remarquer dans ces vers, relativement au nombre du verbe.

La *plupart*, *emportés* d'une fougue insensée,
Toujours loin du droit sens *vont* chercher leur pensée. 571.

944*— A quel nombre doit-on mettre le verbe qui a pour sujet *la plupart ?* 571 279*.

945*— A quel nombre l'expression *plus d'un* exige-t-elle le verbe ? 572 279*.

946*— Avec quoi s'accorde le verbe dans les phrases suivantes : Ce sont mes enfants. Ce sont eux. 573 280*.

947*— Pourquoi y a-t-il dans les deux phrases suivantes une différence de nombre dans le verbe *être :* C'*est* eux que l'on craint, ce *sont* eux qui se font craindre. 573 280*.

948*— Pourquoi dit-on : *Ce sont eux, ce furent eux,* et ne peut-on pas dire : *sont-ce* eux ? *furent-ce* eux ? *seront-ce* eux ? 573 280*.

SECTION II.

ACCORD DES PARTICIPES.

§ I. — Participe présent et adjectif verbal.

949*— Dans quel cas la forme verbale en *ant* doit-elle être considérée comme participe présent et conséquemment être invariable ? 574 281*.

950*— J'ai vu ces enfants *intéressant* leurs maîtres, *tremblant* de leur déplaire, et *pleurant* quand ils en recevaient le moindre reproche. Démontrez comment, dans cette phrase, les mots *intéressant, tremblant, pleurant,* sont participes et conséquemment invariables. 574 281*.

951* — Par quoi le participe présent est-il traduisible ? 574 281*.

952*—Quand doit-on considérer comme adjectif verbal la forme du verbe en *ant ?* 575 282*.

953*— Les rues sont remplies de ces enfants *intéressants*, *tremblants* de froid, *mourants* de faim, et sans cesse *pleurants*. Démontrez comment, dans cette phrase, les formes verbales en *ant* doivent être variables. 575 282*.

954*— Dans quel cas la forme verbale en *ant* prend-elle le nom d'*adjectif verbal* et est-elle conséquemment variable ? 575 282*.

955*— Quels sont les moyens de reconnaître si une forme verbale en *ant* doit être variable ? 575 579 à 583 282*.

956*— Quelle est la règle que l'on peut établir pour déterminer l'emploi du *participe présent ?* 576 281*.

957*— Quelle est la règle que l'on peut établir pour déterminer l'emploi de l'*adjectif verbal ?* 576 282*.

958 — Les formes verbales *ayant*, *babillant*, *badinant*, etc., s'emploient-elles comme adjectifs ? 577.

959 — Comment considère-t-on le mot *appartenant* suivi d'un complément ? 577.

960*— N'y a-t-il pas des participes présents qui ont pour correspondants des adjectifs dont l'orthographe est différente. — Citez-en quelques-uns. 578 282*.

§ II. — PARTICIPE PASSÉ.

961*— Sur quels faits sont fondées les deux règles générales sur l'orthographe du participe passé ? 583 283*.

962*— Quelle est la règle du participe passé non construit avec *avoir ?* 584 284*.

963*— Pourquoi les participes passés sont-ils variés dans la phrase suivante : *Entourés* de toutes parts, ils se crurent *perdus* et furent *forcés* de se rendre. 584 284*.

964*— Quelle observation y a-t-il à faire sur les mots *excepté, y compris, supposé, vu, attendu,* et pourquoi sont-ils invariables en certaines circonstances ? — Dans quel cas rentrent-ils dans la classe des participes ? 584 284*.

965*— Pourquoi y a-t-il une différence d'orthographe dans les deux phrases suivantes : *Excepté* les femmes, les habitants sortirent de la ville. Les femmes *exceptées,* les habitants sortirent de la ville. 584 284*.

966*— Quelle est la règle du participe passé construit avec *avoir ?* 585 285*.

967*— Citez quelques exemples dans lesquels le participe passé, construit avec l'auxiliaire *avoir,* soit précédé de son complément direct. 585 285*.

968*— Citez quelques exemples dans lesquels le participe passé, construit avec *avoir,* ne soit point précédé de son complément direct. 586 286*.

969*— Pourquoi les participes ne sont-ils pas variés dans la phrase suivante : Nous avons *vu* cette pièce ; elle nous a *plu,* nous avons *ri* et nous avons *applaudi.* 586 286*.

970*— Tous les participes passés peuvent-ils se rapporter à l'une ou à l'autre de ces deux règles, savoir : celle du participe non construit avec *avoir,* et celle du participe construit avec ce verbe ? 587 287*.

971*— D'où provient la différence d'orthographe dans ces deux phrases : Ce domestique *nous* a fidèlement *servis.* Ce livre *nous* a bien *servi ?* — Citez quelques autres verbes parmi ceux qui, selon le sens, peuvent avoir également des compléments différents. 588 286*.

972*— Un participe passé suivi d'un adjectif ou d'un autre participe doit-il aussi s'accorder ? — Prenons pour exemple cette phrase : On *les* a *crus* coupables, parce qu'on *les* a *vus* embarrassés. Pourquoi cet accord doit-il avoir lieu ? 589 287*.

973*— Je les ai *cru* heureux ne signifie-t-il pas : J'ai cru qu'ils étaient heureux, et le participe *cru* ne doit-il pas être conséquemment invariable ? 589 287*.

974 —Comment faut-il écrire le participe *eu* dans la phrase suivante : Cette lettre, quand je l'ai *eu* lu, a fait naître bien des doutes dans mon esprit. 590.

975*— Rien ne peut suppléer la joie qu'ont *ôtée* les remords. Le sujet rejeté ici après le verbe peut-il empêcher l'accord du participe ? 591 287*.

976*— Pourquoi dans ces phrases : Étudiez la leçon QUE vous avez OUBLIÉ *d'apprendre*, Étudiez la leçon QU'on vous a DONNÉE à apprendre, le participe est-il invariable dans la première, et s'accorde-t-il dans la seconde ? 592 289*.

977*— Comment faut-il écrire le participe dans cette phrase : Que d'obstacles il a *eu* à vaincre ? 593 289*.

978*— Pourquoi les participes sont-ils invariables dans ces phrases : Voilà les livres que j'ai *pensé* que vous prendriez. Ce sont des choses que j'ai *pensé* faire ? 594 595 288*.

979*— Dans cette phrase : Il lui a rendu tous les services qu'il a *pu*, pourquoi le participe reste-t-il invariable ? 595 288*.

980*— Quelle est la règle à suivre quand le participe

passé suivi d'un infinitif sans préposition est précédé d'un complément direct comme dans : Je *les* ai *vus* courir. Je les ai *vu* arrêter. 596 290*.

981*— Quelle observation y a-t-il à faire quand le participe passé est précédé de deux compléments directs comme dans cette phrase : Voilà, mon fils, le sujet des larmes que tu *m'as vue* verser. 597 290*.

982*— Quel est le moyen mécanique de reconnaître quand le participe passé suivi d'un infinitif doit s'accorder avec le complément direct qui le précède ? 597 290*.

983*— Quelle est la règle du participe *fait* suivi d'un infinitif sans préposition ? — Donnez-en quelques exemples. 598 290*.

984 — D'où provient la différence orthographique des participes *crues* et *assuré* dans les deux phrases suivantes : Les personnes qu'on a CRUES avoir été grièvement blessées n'ont reçu que de légères contusions. Les personnes qu'on m'a ASSURÉ avoir été grièvement blessées n'ont reçu que de légères contusions. 599.

985 — Quelle observation y a-t-il à faire sur *lui*, *leur*, employés pour *le*, *la*, *les*, avant un participe passé suivi d'un infinitif, comme, par exemple, dans cette phrase : C'est une affaire que je *leur ai* LAISSÉ démêler ensemble. 600.

986*— L'orthographe du participe passé précédé du pronom *en* (partitif) ne présente aucune difficulté dans cette phrase : Des fleurs, j'*en* ai *cueilli* ; mais en parlant des mêmes fleurs, doit-on écrire : Combien j'*en* ai *cueillies !* ou combien j'*en* ai *cueilli !* 601 291*.

987*— Pourquoi écrit-on à l'interrogatif : Des fleurs,

combien *en* avez-vous *cueilli?* Des pages, combien *en* avez-vous *fait?* De cette liqueur, combien *en* ai-je *bu?* 601 291*.

988*—— Quelle est la règle à suivre, quand le participe passé est précédé du pronom *en* partitif? 604 291*.

989*—— Pourquoi dans les phrases : Que d'années il a *vécu?* Les jours que j'ai *vécu*, le participe passé reste-t-il invariable? 605 292*.

990 —— Quelle observation y a-t-il à faire sur le verbe *peser,* dans cette phrase : Il ne pèse plus les cent livres *qu'il* a *pesé;* s'il *les* a *pesé*, il ne *les pèse* plus. 605.

991*—— Faut-il écrire avec l'accord : Ce cheval a coûté cent louis, il *les* a *coûté*, il *les* a *valu.* Que de soins votre éducation m'a *coûté!* Que d'honneurs son habit lui a *valu!* 605 292*.

992*—— Pourquoi le participe passé construit avec un verbe impersonnel est-il toujours invariable? —— Donnez-en quelques exemples. 606 293*.

993*—— Pourquoi le participe passé se rapportant au pronom *le* en relation avec un adjectif ou avec une préposition est-il invariable? —— Faites-en l'application sur les deux phrases que voici : La chose était plus sérieuse que nous ne *l'*avions *pensé* d'abord. Sa vertu était aussi pure qu'on *l'*avait *cru* jusqu'alors. 607 294*.

994*—— Quand un participe est précédé de plusieurs substantifs, comment reconnaître celui avec lequel il doit s'accorder? 608 295*.

995*—— Avec quel substantif le participe passé doit-il

s'accorder dans : Quel déluge de maux n'avait-il pas *répandu* sur la terre ! Ce torrent de larmes qu'il a *es-suyé.* Le peu d'affection que vous lui avez *témoigné* lui a rendu le courage. Le peu d'affection que vous lui avez *témoigné* l'a découragé. 608 609 295 296*.

996*— Quelle règle suit le participe passé employé dans les temps composés des verbes réfléchis, où l'auxiliaire *être* remplace l'auxiliaire *avoir ?* 610 297*.

997*— On dit figurément qu'une maison *se bâtit, se démolit,* etc. Pourquoi cela, et quelle est la question à faire pour trouver le complément direct ? 612 297*.

998*— Quelle est la règle d'accord pour tous les participes d'un verbe essentiellement réfléchi ? —Quelle est la seule exception ? 613 297*.

999 — Elle *s'est aperçue* de cela, elle *s'en* était *doutée,* elle *s'est tue.* Pourquoi les participes passés s'accordent-ils dans ces phrases ? 616.

1000*— A quelle règle pourrait-on s'en tenir sur l'orthographe des participes passés des verbes réfléchis ? 616 297*.

SECTION II.

Emploi des auxiliaires AVOIR *et* ÊTRE.

1001*— Quel auxiliaire la plupart des verbes intransitifs prennent-ils dans leurs temps composés ? 617 298*.

1002*— Quels sont les verbes intransitifs dont les temps composés ne prennent que l'auxiliaire *être ?* 619 300*.

1003*— Quelle observation y a-t-il à faire sur le participe *tombé* employé avec le verbe *avoir* ? 621 301*.

1004*— Dans quel sens le verbe *convenir* prend-il *avoir*; dans quel sens prend-il *être* ? 624 302*.

1005*— Quel auxiliaire prennent les deux verbes *contre-venir* et *subvenir* ? — Comment se conjuguent les autres composés de *venir* ? 625 626 300 302*.

1006 — Dans quel cas emploie-t-on soit *avoir*, soit *être*, avec les verbes *échoir* et *déchoir* ? 620.

1007*— Quel auxiliaire doit-on employer avec *courir*, *paraître*, *succomber* et *survivre* ? 618 299*.

1008*— Quelle observation y a-t-il à faire sur l'emploi de l'auxiliaire avec le participe *expiré* ? 622 301*.

1009*— Avec quel auxiliaire se conjuguent *comparaître* et *reparaître* ? 627.

1010*—Quel auxiliaire prennent *disparaître, apparaître* et *accourir?* — Comment se conjuguent les autres composés de *courir* ? 627 628 301*.

1011*— Quelle différence y a-t-il entre : La fièvre *a* cessé pendant quelques jours. La fièvre *est* cessée depuis quelques jours. Il *a* demeuré long-temps en Suisse. Parti pour la Suisse, il y *est* demeuré. — N'en est-il pas de même pour les verbes *monter* et *descendre* ? 620 301*.

1012 — Quelle règle suit-on généralement sur l'emploi des auxiliaires *être* et *avoir* avec les participes de certains verbes intransitifs? 620.

1013 — A quelle marque certaine peut-on reconnaître les verbes intransitifs qui ne se conjuguent qu'avec l'auxiliaire *avoir* ? 620.

1014*— Cette faute m'*a* échappé. Cette faute m'*est*

échappée. Quelle différence y a-t-il entre ces deux phrases ? 623 303*.

SECTION IV.

EMPLOI DES MODES.

§ I. — MODE INDÉFINI.

1015*— Pourquoi doit-on, dans certains cas, préférer le mode indéfini au subjonctif ou à l'affirmatif ? 629 304*.

1016*— Dans quel cas doit-on rejeter l'emploi de l'infinitif pour un mode défini ? 630 304*.

1017 — Dans quel cas faut-il éviter plusieurs infinitifs de suite ? 631.

1018 — Comment appelle-t-on communément le participe présent précédé de la préposition *en* ? — Quelle relation cette forme verbale doit-elle avoir avec le sujet de la proposition ? 632.

§ II. — MODE AFFIRMATIF ET MODE SUBJONCTIF.

1019*— Pourquoi l'emploi de l'affirmatif dans les verbes des propositions complétives de la phrase suivante : J'habiterai un pays qui me *plaît*, où je *serai* tranquille, que je *pourrai* parcourir sans crainte, et dont la température *sera* douce. 633 307*.

1020*— Pourquoi les verbes des propositions complétives sont-ils au subjonctif dans cette phrase : J'habiterai un pays qui me *plaise*, où je *sois* tranquille, que je *puisse* parcourir sans crainte, et dont la température *soit* douce? 633 3o7*.

1021*— Quelle règle particulière peut-on établir pour connaître quand on doit mettre le verbe d'une proposition complétive à l'affirmatif, et quand on doit le mettre au subjonctif? 634 3o7*.

1022*—Quel est le principe général relativement à l'emploi du subjonctif dans les propositions complétives ? — Donnez-en quelques exemples. 635 3o8*.

1023*— Pourquoi ne doit-on pas employer le subjonctif avec *tout?* 635 3o7*.

1024 — Quelle observation y a-t-il à faire sur l'emploi du subjonctif après *croire, penser, s'imaginer,* etc.? 635.

1025 — Pourquoi le verbe est-il au subjonctif dans la phrase suivante : Je me réjouis que vous *soyez* ici, quoique vous ne *puissiez* pas y rester long-temps ; il était temps que vous *arrivassiez.* 636 637.

Observations particulières.

1026*— Il semble que vous *êtes* malade. Il semble que vous *soyez* malade. Comment justifier l'emploi des deux modes dans ces deux phrases? 638 3o9*.

1027*—Après il *paraît,* il *est vraisemblable,* est-il permis d'employer le subjonctif? 638 3o9* — Pourquoi ?

1028*— A quelle figure peut-on rapporter l'emploi du subjonctif dans ces phrases et leurs analogues : Télémaque est *le plus bel ouvrage* que la vertu *ait* inspiré au génie. *Le meilleur cortége* qu'un prince *puisse* avoir est le cœur de ses sujets. — Pourquoi emploie-t-on le subjonctif dans ces sortes de phrases? 639 308*.

1029*— Peut-on employer l'affirmatif après les expressions *le seul*, *le premier*, *le plus beau*, etc. 639 308*

1030*— Il ordonna qu'on les *laissât* aller. Le gouverneur ordonna que nous *irions* jusqu'à Thèbes pour être présentés au roi. Pourquoi dans la première phrase l'emploi du subjonctif, et celui de l'affirmatif conditionnel dans la seconde? 640 310*.

§ III. — MODE INTERROGATIF.

1031*— Quelle différence y a-t-il entre *pleut-il?* et *est-ce qu'il pleut?* 641 311*.

1032*— N'y a-t-il pas des formes interrogatives proscrites par l'usage?— Quelles sont-elles, et comment faut-il s'y prendre pour les remplacer? 642 312*.

§ IV. — MODE IMPÉRATIF.

1033 — Quelle est la seule observation à faire sur la syntaxe du mode impératif? 643.

SECTION V.

EMPLOI DES TEMPS.

1034 — L'emploi des temps présente-t-il de grandes difficultés?— Quel moyen employer pour les aplanir, du moins pour les cas généraux? 643 *bis*.

§ I. — MODE AFFIRMATIF.

Présent.

1035*— Je vous *attends* demain. Pour quel temps le
présent est-il employé dans cette phrase ? 644 313*.

1036*— Quel effet produit ici le présent pour le passé :
Turenne *meurt*, tout se *confond*, la fortune *chan-
celle*, la victoire se *lasse*, etc. 644 313*.

1037 — Quelle est la meilleure expression de : *C'est*
moi qui parlerai, ou *Ce sera* moi qui parlerai. 644.

1038*— Quel temps exprime le présent dans cette
phrase : Il *arrive* ce soir, il *part* demain. 645 313*.

1039 — Quel temps emploie-t-on après la conjonction
si conditionnelle ? 646.

1040 — Quand la conjonction *si* est dubitative, quel
temps faut-il employer ? — Donnez-en un exemple.
646.

Passé défini.

1041*— Comment doit s'employer le *passé défini*, et
qu'exprime-t-il ? 647 314*.

Passe indéfini.

1042*— J'ai *fini* dans un moment. Pour quel temps
le *passé indéfini* est-il employé dans cette phrase ?
648 314*.

Passé simultané.

1043*— Par quel temps faut-il remplacer le présent et le futur conditionnels après la conjonction *si* conditionnelle? 649 315*.

1044*— J'ai toujours éprouvé combien Dieu *est* juste. En voyant ce malheureux déchiré par ses remords, j'ai senti combien Dieu *était* juste. Pourquoi dans la première de ces phrases se sert-on du *présent*, et du *passé simultané* dans la seconde? 650 315*.

Passé postérieur.

1045*— Pourquoi la phrase : J'aurais parié qu'il *aurait plu*, est-elle vicieuse, et comment faut-il s'exprimer? 651 316*.

Passé antérieur.

1046 — Au lieu du passé conditionnel, quel temps emploie-t-on après la **conjonction** *si* conditionnelle? 652.

1047 — Faut-il dire : J'ai appris que *vous vous êtes* marié, ou que *vous vous étiez* marié. 653.

§ II. — MODE SUBJONCTIF.

Des temps du subjonctif.

1048*— En général, quelle règle faut-il suivre pour bien employer les temps du subjonctif? 654 321*.

4*

1049 — Dans quel cas peut-on mettre un verbe au présent ou au futur du subjonctif après un temps passé? 655.

1050 — Après un verbe au présent, est-on toujours obligé de mettre au même temps le verbe de la proposition complétive ? 655.

1051*— Dans cette phrase de J.-J. Rousseau : Soit que Julie *eût étudié* sa langue et qu'elle la *parlât* par principes, soit que l'usage *supplée* à la connaissance des règles, elle me SEMBLAIT s'exprimer correctement, l'auteur n'a-t-il pas enfreint la règle qu'on donne généralement sur la concordance des temps? 658 321*.

52*— En définitif, dans l'emploi des temps du subjonctif, est-ce à l'idée que l'on veut peindre ou à la forme du verbe de la proposition primordiale qu'il faut s'attacher? 658 321*.

SECTION VI.

OBSERVATIONS SUR QUELQUES VERBES.

1053*— Peut-on dire : j'*ai été* pour je *suis allé*, il *a été* pour il *est allé*? 659 322*.

1054*— Pourquoi ne peut-on pas dire: *éviter* de la peine à quelqu'un? — De quel verbe faut-il se servir? 660 323*.

1055*— Quelle faute y a-t-il dans cette phrase : L'aigle seul peut *fixer* le soleil. 661 324*.

1056*— Pourquoi ne faut-il pas dire : Il *jouit* d'une mauvaise santé, d'une mauvaise réputation. 662 325*.

1057*— Je vous *observe* que vous vous trompez. En quoi cette phrase est-elle fautive? 663 326*.

1058 — Peut-on employer *observer que* sans complément indirect, et dire. Un membre *observa que* la question n'était pas posée assez clairement. 663.

1059*—En quoi les phrases suivantes sont-elles vicieuses: Je me rappelle *de* cela; vous *en* rappelez-vous? 664 328*.

1060*— Peut-on dire: Je me rappelle *de* l'avoir vu? 664 328*.

1061*—Si l'on ne doit pas dire: Vous êtes tout trempé, *changez-vous*. Si vous avez du café, *sucrez-vous*; quel autre tour faut-il prendre? 665 329*.

1062*— Le verbe réfléchi *se disputer* peut-il se prendre dans le sens *d'entrer en dispute,* de *se quereller?* 666 330*.

1063 — Dans quel sens peut-on employer le verbe réfléchi *se disputer?* 666.

1064 — Pourquoi ne faut-il pas dire: Il s'*en* sont *fuis,* comme on dit: ils s'*en* sont *allés.* 668.

1065*— Pourquoi est-ce mal s'exprimer que de dire: Il va *promener*, nous allons *coucher,* vous irez *baigner.* Comment faut-il dire? Cette observation est-elle applicable aux verbes *se moucher*, *se fatiguer?* 669 331 332*.

CHAP. VI. — DE L'ADVERBE.

IE ADVERBES PROPREMENT DITS.

1° — CONSTRUCTION.

1066 — La construction des adverbes présente-t-elle des difficultés ? 670.

1067 — Qu'est-ce qui décide de la place que les adverbes doivent occuper dans la phrase ? 670.

1068 — Quelle observation y a-t-il à faire sur la construction de l'expression *non-seulement* ? 671.

2° — EMPLOI.

1069* — Les adverbes *alentour*, *auparavant*, *dedans*, *dehors*, *dessous*, *dessus*, peuvent-ils être employés comme prépositions et avoir des compléments ? Donnez des exemples de la manière de les employer convenablement. 672 333*.

1070* — Peut-on dire : *Aussitôt* mon arrivée, *aussitôt* son dîner ? 673 334*.

1071* — *Davantage* peut-il avoir un complément, et dans ce cas par quel adverbe faut-il le remplacer ? 674 335*.

1072* — Pourquoi faut-il dire : De tous les arts, la musique est celui que j'aime *le plus*, et non *davantage*. 6-5 336*.

1073 — Est-il d'obligation que *davantage* et *auparavant* terminent toujours la phrase? 675.

1074*— Comme expressions comparatives quel est l'emploi de *aussi, autant?* 676 337*.

1075*— Avant les participes passés fait-on indifféremment usage des adverbes *aussi, autant?* 676 337*.

1076*— Dans quel sens *aussi* est-il employé dans cette phrase : Il est *aussi* méprisé. 676 337*.

1077*.— Quelle différence y a-t-il entre : Il est *aussi* modeste qu'instruit, et il est modeste autant qu'instruit. 677 337*.

1078*— Il n'est pas *si* ou *aussi* aimable qu'instruit. Comme expressions comparatives, dans quelles espèces de propositions *si* et *aussi* s'emploient-ils ? 678 338*.

1079*— Pourquoi ne faut-il pas dire : Il est *aussi* riche *comme* vous. 679 338*.

1080 — *Si* marquant l'extension, comme dans, il est *si* en peine, est-il bien employé? 680.

1081*— Par quelle raison dit-on : Et moi *aussi*, Ni moi *non plus.* 681 339*.

1082 — Quelle différence y a-t-il entre les deux **expressions** *au moins, du moins?* 683.

1083 —Quelle analogie y a-t-il entre *au moins, du moins,* et *au reste, du reste?* 684.

1084 — Quelle différence y a-t-il entre *bien* du monde et *beaucoup* de monde? 685.

1085 — *Beaucoup, peu,* doivent-ils s'employer sans complément? 685.

1086 — L'adverbe *très* peut-il modifier des substantifs? 686.

1087 — Qu'y a-t-il à observer sur l'emploi de *comme* et de *comment* dans le sens interrogatif ? 687.

1088 — Voyez *comme* il travaille. Voyez *comment* il travaille. Quelle différence y a-t-il entre ces deux phrases ? 688.

1089* — Quelle différence y a-t-il entre *de suite* et *tout de suite* ? 687 340*.

1090 — *De loin à loin*, *de loin en loin*. Quelle est la plus usitée de ces deux expressions ? 690.

1091 — Y a-t-il quelque différence entre *plus d'à demi fait* et *plus qu'à demi fait* ? 691.

1092 — Qu'y a-t-il à observer sur l'emploi des expressions *rien moins*, *rien de moins* ? 692.

1093* — Tout habile *qu'est* Delille. Quelque habile *que soit* Delille. Quelle différence y a-t-il entre ces deux manières de s'exprimer ? 693 342*.

1094* — Serait-il exact de dire : *Tout* habile qu'il *soit*. 693 342*.

1095 — *Si* s'emploie quelquefois dans le sens de *quelque*. Donnez-en un exemple. 693.

1096* — Citez quelques-unes des expressions adverbiales qui sont regardées comme vicieuses, et faites connaître la bonne manière de s'exprimer. 694 343*.

1097 — Quelles sont les fautes que présentent les phrases suivantes : Que vous êtes *bien* bon ! Je préfère *plutôt* rester. C'est là *où* je demeure. 695 343.

II. — DE L'USAGE DES EXPRESSIONS NÉGATIVES.

1098* — Quels sont les seuls adverbes essentiellement

négatifs? — A quoi servent *nullement*, *rien*, *jamais* *guère*, *pas*, *point*? 696 344*.

1099*— *Ne* s'emploie-t-il seul ou sans complément 697 346*.

1100*— Quelle est la plus forte expression négative de *ne pas* ou de *ne point*, et qu'indique chacune de ces négations? 698 345*.

1101 — Dans quel cas *pas* remplace-t-il *point*? 699.

1102 — *Pas* et *point* ont-ils dans les propositions interrogatives le même sens que dans les affirmatives? — Faites connaître cette différence par quelques exemples. 700.

1103 — Dans les propositions elliptiques, doit-on employer *pas* ou *point*? 701.

1104 — Pourquoi n'exprime-t-on point le complément négatif dans : Il ne mange guère. Il n'a ni faim ni oif. Il n'a nulle envie de venir. Je ne le verrai de ma vie. Il ne pense qu'à lui. 702 703.

1105*— Donnez quelques phrases négatives où *pas* et *point* ne doivent pas être exprimés. 702 703 346*.

1106 — Le vrai dévot, lorsqu'il fait l'aumône, prend garde qu'on *ne le voie* ; et l'hypocrite, qu'on *ne le voie* *pas*. Pourquoi l'emploi de *ne* sans complément dans la première phrase, et suivi d'un complément dans la seconde? 704.

1107*— Donnez quelques exemples où l'emploi ou la suppression de *pas* ou de *point* change le sens de la phrase. 704 347*.

1108 — Quelle règle doit-on suivre pour la construction des *compléments négatifs* ? 705.

1109*— Qu'y a-t-il à observer sur le mot *rien* ? 706 348*.

1110 — Que signifient *compter pour rien* et *ne compter pour rien* ? — Donnez des exemples de l'emploi de ces deux expressions. 706.

1111*— Le sens paraît rejeter la négation dans : Il est plus heureux qu'il *n*'était ou qu'il *ne* l'était. Vous répondez autre chose que je *ne* demande. Vous parlez autrement que vous *ne* pensez; mais l'usage la réclame : est-il possible d'en justifier l'emploi? 707 349*.

1112*— Pourquoi n'emploie-t-on pas la négation dans ces phrases : Il n'est pas moins heureux qu'*il l'était*. Est-il plus heureux qu'*il l'était* ? Il est moins heureux qu'il l'était. 708 709 350*.

1113 — La première proposition étant négative, la seconde doit-elle nécessairement être positive? 710.

1114*— Il s'en faut de beaucoup que la somme *y soit*. Il ne s'en faut pas de beaucoup que la somme *n'y soit*. Pourquoi *il s'en faut* est-il suivi de la négation dans la seconde phrase, et ne l'est-il pas dans la première? 711 351*.

1115 — Dans quel cas *il s'en faut* exige-t-il l'emploi de *ne* dans la proposition subordonnée? 712.

1116 — Il parla long-temps *sans qu*'on l'interrompît. Il *ne* pouvait parler *sans qu*'on l'interrompît, *sans qu'on ne* l'interrompît. Il *ne* pouvait parler *qu'on ne* l'interrompît. Déterminez, d'après ces exemples, dans quel cas doit employer la négative *ne* après l'expression *sans que*. 713.

§ III. *De l'usage du* NE *dubitatif.*

1117*— Dans ces phrases : Je crains qu'il *ne* pleuve,
Rentrons avant qu'il *ne* pleuve, Nous sortirons, à
moins qu'il *ne* pleuve, le mot *ne* exprime-t-il une idée
négative ? 714 352*.

1118*— Combien de cas la proposition complétive du
verbe *craindre* présente-t-elle ? — Quels sont-ils ?
715 353 354*.

1119*— Quels sont les verbes auxquels s'appliquent les
observations relatives au verbe *craindre* suivi de *ne* ?
715 354*.

1120*— Quand le verbe craindre est au mode interrogatif, dans quel cas doit-on employer ou omettre la
dubitative *ne* ? —Donnez-en des exemples. 716 355*.

1121*— Dans quel cas fait-on usage de la dubitative *ne*
après les verbes *prendre garde, se garder, éviter, empêcher* ? — Donnez-en des exemples. 717 356*.

1122*— Qu'y a-t-il à observer relativement à l'emploi de
ne après le verbe *défendre* ? 718 356*.

1123*— Rentrons *avant* qu'il fasse nuit. Rentrons *avant*
qu'il *ne* pleuve. Pourquoi le *ne* dubitatif est-il omis
dans la première de ces phrases, et employé dans la
seconde ? 719 359*.

1124*—Dans quel cas fait-on usage du *ne* dubitatif
après l'expression conjonctive *avant que* ? 719
359*.

1125*— Qu'y a-t-il à observer relativement à l'emploi
du *ne* dubitatif après l'expression conjonctive *à moins
que* ? 720 360*.

5

1126*— Quand le verbe *douter* est négatif ou simple m en interrogatif, doit-on employer le *ne* dubitatif dans la proposition complétive? — Donnez-en des exemples. 721 357*.

1127*— *Je ne nie pas* que vous *ne soyez* heureux. *Je ne nie pas* qu'il *y ait* un Dieu. Pourquoi la dubitative *ne* est-elle employée dans la première de ces phrases, et omise dans la dernière? 722 357*.

1128*—. Il ne tient pas à moi que cela *ne* se fasse. A quoi tient-il que cela *ne* se fasse. Pourquoi le *ne* dubitatif est-il employé dans la proposition complétive? 722 *bis* 358*.

CHAP. VII. — DE LA PRÉPOSITION.

1129* — Quelle différence y a-t-il dans : C'est à vous *à* jouer, et c'est à vous *de* jouer. 723 361*.

1130 — Quelle différence y a-t-il entre l'expression *prêt à* et l'expression *près de?* Donnez-en des exemples. 724.

1131 — L'emploi de *près de* pour *prêt à* est-il condamnable? 724.

1132* — Peut-on employer *prêt à* signifiant *préparé à* pour *près de* qui signifie *sur le point de?* 725 362*.

1133*—L'expression *saigner au nez*, dans le sens qu'on prétend lui donner, est-elle française? 726 368*.

1134* — Quelles idées éveillent les expressions *ne servir de rien* et *ne servir à rien?* 727 363*.

1135* — Quelle différence y a-t-il entre *retrancher à* et *retrancher de ?* 728 364*.

1136* — Quand le verbe *emprunter* veut-il la préposition *de ?* quand veut-il la préposition *à ?* 729 365*.

1137* — Qu'entend-on par oublier *à* lire, *à* écrire et oublier *de* lire ou *d'*écrire ? 730 366*.

1138* — Donnez quelques exemples où les prépositions *à* et *de* soient employées dans des sens différents après des verbes, comme *commencer à, commencer de.* 731 367*.

1139. — Quel principe général peut servir de guide dans le choix à faire entre la préposition *à* et la préposition *de* après les verbes ? 732.

1140* — Peut-on dire : c'est la fête *à* ma mère, c'est la maison *à* mon oncle. 734 369*.

1141 — Quand doit-on donner un complément direct au verbe *aider*, et quand ce verbe veut-il un complément indirect ? 735.

1142* — Quelle différence y a-t-il entre *insulter quelqu'un* et *insulter à quelqu'un ?* 736 370*.

1143. — Que signifient *applaudir quelqu'un* et *applaudir à quelqu'un ?* 737.

1144. — Pourquoi dit-on *atteindre l'âge* de raison, et *atteindre au but ?* 738.

1145. — Quelle différence y a-t-il entre *suppléer une chose* et *suppléer à une chose ?* Peut-on dire : suppléer *à* quelqu'un ? 739.

1146. — Quelles idées éveille le verbe *croire* dans les phrases suivantes : Croyez-vous *cet homme-là ?* Croyez-vous *aux astrologues ?* 740.

1147* — Au propre et au figuré, comment doit-on employer le verbe *éclairer?* 741 370*.

1148* — Peut-on supprimer *à* après le verbe *aimer?* 742 371*.

1149* — Dans quel cas la suppression de la préposition *à* doit-elle avoir lieu après le verbe *aimer?* 742 371*.

1150. — Pourquoi dit-on : Il aime *à* lire et *à* écrire, et non pas : Il aime *à* lire et écrire. 743.

1151. — La préposition *à* peut-elle se supprimer dans : *Jusque midi, j'ai acheté cela bon marché.* 744.

1152* — Est-il permis d'employer *à* pour *dans*, de dire : Mettez votre mouchoir *à* votre poche. 745 385*.

1153* — Peut-on dire : Sept *à* huit maisons furent vendues. Il n'y avait que cinq *à* six prisonniers. 746.

1154* — Doit-on dire : Il est *après* à lire; la clef est *après* la porte, ou bien : Il est *à* lire; la clef est *à* la porte. 747 385*.

1155* — Pourquoi faut-il dire, *au travers des* périls, *au travers du* corps? 748 384*.

1156* — A quelle partie du discours appartient l'expression *à travers?* 748 384*.

1157. — Le complément direct de *à travers* peut-il être pris dans un sens partitif? — Donnez-en un exemple. 748.

1158* — Quelle différence y a-t-il entre *au travers* et *à travers?* 748 384*.

1159. — Le cuivre est vil *au prix de* l'or. La terre n'est qu'un point *auprès* d'une étoile. Quand doit-on préférer *auprès de* à *au prix de?* 749.

1160. — Peut-on se servir indifféremment de *auprès de* et de *près de?* — Quelle en est la différence? 750.

1161. — Est-il permis de supprimer la préposition *de* dans *près de ?* 750.

1162* — En quoi diffèrent les prépositions *avant* et *devant ?* — Donnez-en des exemples. 751 376*.

1163* — Faut-il dire : déjeûner *avec* du café, ou déjeûner *de* café. 752 377*.

1164* — Peut-on dire, être assis *contre* quelqu'un, passer *contre* quelqu'un ? — Comment faut-il s'exprimer ? 753 385*.

1165* — Quelle différence y a-t-il entre : Il ne fait que sortir. Il ne fait que *de* sortir. 754 373*.

1166* — Doit-on employer la préposition *de* dans : Je crois *de* le voir. Je compte *de* partir. La moitié de seize est *de* huit. 754 374*.

1167. — Faut-il employer la préposition *de* après les verbes *espérer*, *désirer*, etc. ? — Donnez-en des exemples. 754.

1168. — Faut-il dire : J'aime mieux lire qu'écrire, ou j'aime mieux lire que *d'*écrire ? 755.

1169* — Peut-on supprimer la préposition *de* dans : Il y eut cent hommes *de* tués, vingt *de* blessés. Quelque chose *de* vrai, *de* sûr, *de* crainte qu'il ne vienne ? 756 375*.

1170. — Faut-il dire : Lequel fut le plus éloquent, Démosthènes ou Cicéron ? Ou bien : Lequel fut le plus éloquent *de* Démosthènes ou *de* Cicéron ? 757.

1171. — Il vient *d'*arriver et *de* partir aussitôt. La répétition de la préposition *de* avant chaque complément est-elle nécessaire ? 758.

1172* — Quelle différence y a-t-il entre *durant* et *pen-*

dant ? — Faîtes-la connaître par deux citations. 759
378*.

1173. — *En* campagne, *à* la campagne, peuvent-ils
s'employer indifféremment ? 760.

1174* — Que signifient, *être en campagne, être à la
campagne ?* 760 379*.

1175. — Est-il à propos d'employer la préposition *en*
dans les phrases suivantes : *En* outre de cela. *En* la
place de la haie, on a élevé un mur. 761.

1176. — *En* doit-il être répété avant chaque complément ? 762.

1177* — Expliquez la différence qu'il y a entre, tomber
par terre, et tomber *à* terre. 763 380*.

1178* — Quand doit-on employer renommé *par* ? Quand
doit-on se servir de renommé *pour* ? — Donnez des
exemples de l'emploi de ces deux expressions. 765
381*.

1179* — On se présente devant le prince *pour* lui faire
sa cour, et *afin* d'en obtenir des graces. Quelle différence y a-t-il ici entre *pour* et *afin de* ? 766 382*.

1180* — La préposition *sur* est-elle bien employée dans
sur prétexte, lire *sur* un journal ? Comment faut-il
dire ? 767 385*.

1181* — Quelle observation y a t-il à faire sur l'emploi
de la préposition *vis-à-vis* dans le sens de *envers*,
l'égard de, avec ? 768 383*.

1182. — Après l'expression *vis-à-vis* est-il permis de
supprimer la préposition *de* ? 769.

CHAP. VIII. — DE LA CONJONCTION.

1183*— Il mange *et* boit bien. Il mange *et* il ne boit pas. Il ne mange *ni* ne boit. Il ne boit point d'eau *ni* de vin. — Quelles espèces de propositions sont jointes par les conjonctions *et* et *ni* ? 770 386*.

1184*— Quelle différence y a-t-il entre ces phrases : Il ne boit point d'eau *et* de vin. Il ne boit point d'eau *ni* de vin. 770 386*.

1185 — Donnez quelques exemples où la conjonction *et* soit employée, quoique *ni* paraisse préférable. 771.

1186*— Comment peut-on justifier l'emploi de *ni* dans ces phrases : fût-il vingt fois plus larron que Sisyphe, et plus damné qu'Hérode *ni* Caïphe. — Il la trouve sans peine *ni* travail. 772 773 387*.

1187*— Donnez des exemples où la conjonction *ni* remplace le complément *pas* dans la première proposition. 774 388*.

1188 — L'emploi de la conjonction *et* est-il admissible dans : Plus je lis Racine *et* plus je l'admire. 775.

1189*— Dans, *lorsqu'il* fut arrivé et *qu'il* se fut reposé, de quoi la conjonction *que* tient-elle la place ? 776 389*.

1190 — Quelle différence y a-t-il entre : *Peut-être* viendra-t-il. Peut-être qu'il viendra. 777.

1191* — Quelle observation y a-t-il à faire sur *à cause que, durant que, en cas que, malgré que ?* 777 390*.

1192 — J'arriverai aussitôt *comme* vous. Qu'y a-t-il à observer sur cette phrase? 778.

1193 — Justifiez l'emploi de la conjonction *que* et celui du pronom conjonctif dans les phrases suivantes :

C'est d'un roi *que* l'on tient cette maxime auguste,
Que jamais on n'est grand qu'autant que l'on est juste.

C'est votre illustre mère *à qui* je veux parler. 779.

LIVRE CINQUIÈME.

DE LA PONCTUATION.

CHAP. Ier. — DE LA VIRGULE.

1194* — Les campagnes sont couvertes de fleurs; et les collines, de verdure. Que remplace la virgule dans cette phrase? 780 393*.

1195* — La jalousie vous dispute une vaine beauté; la fierté, votre naissance; l'ambition, votre valeur et vos services; l'orgueil, vos talents et votre suffisance. A quoi sert ici l'emploi de la virgule? 780 393*.

1196* — Donnez des exemples où la virgule indique une énumération de substantifs, d'adjectifs, de verbes. 781 394*.

1197* — Semblables à des bêtes féroces, ils étaient toujours prêts à se déchirer l'un l'autre. Pourquoi la virgule après le premier membre de phrase? 782 395*.

1198* — Quel est l'emploi de la virgule dans les incises? 783 396*.

1199* — Le temps, qui fuit sur nos plaisirs, semble s'arrêter sur nos peines. — Pourquoi *qui fuit sur nos plaisirs* est-il placé entre deux virgules? 784 397*.

1200 — Les livres dont vous m'avez parlé me conviennent beaucoup.—Un arabe qui se destine à ce métier de pirate de terre, s'endurcit de bonne heure à la fatigue des voyages.

—Pourquoi la première de ces phrases est-elle écrite de suite sans virgule, et pourquoi la fin de la phrase incidente est-elle marquée dans la seconde, par une virgule? 785.

1201*— Dans quel cas ne fait-on point usage de la virgule avant les conjonctions *et, ni, ou*? 786 398*.

1202*— Pourquoi n'y a-t-il point de virgule dans ce vers :

> Je plains l'homme accablé du poids de son loisir. 787 399*.

CHAP. II. — DU POINT-VIRGULE.

1203*— Dans quel cas emploie-t-on le point-virgule entre deux propositions ? 788 400*.

1204*— Dans cette phrase : Je hais l'or, parce qu'il a souvent donné de mauvais conseils, pourquoi n'y a-t-il pas de point-virgule ? 788 400*.

1205*— Pourquoi le point-virgule est-il employé dans ces vers ?

> Il faut qu'en cent façons, pour plaire, il se replie;
> Que tantôt il s'élève, et tantôt s'humilie;
> Qu'en nobles sentiments il soit partout fécond;
> Qu'il soit aisé, solide, agréable et profond. 789 401*.
>
> (BOILEAU.)

1206*— Dans quel cas plusieurs propositions non subdivisées par des virgules sont-elles séparées par un point-virgule? 790 401*.

CHAP. III. — DES DEUX-POINTS.

1207*.— Dans quel cas deux divisions d'une phrase sont-elles séparées par les deux points? 791 402*.

1208*.— Dans cette phrase, *Pythagore a dit : Mon ami est un autre moi-même*, pourquoi l'emploi des deux points? 792 403*.

1209*.— Pourquoi emploie-t-on les deux points dans la phrase suivante : Un avare est un malade qui meurt étouffé dans son sang : un prodigue est un autre malade qui meurt à force de saignées. 793 405*.

1210*.— Les bonnes actions sont dans notre vie, comme des filons de métaux précieux : une fois qu'elle est ouverte, on veut suivre la mine. Pourquoi dans cette phrase emploie - t - on les deux - points? 794 404*.

CHAP. IV. — DES POINTS.

1211*.— Combien distingue-t-on d'espèces de *points?* 795 406*.

1212*.— Quel est l'usage du *point simple?* 796 407*.

1213*.— Quel est l'usage du *point interrogatif?* 797 408*.

1214*.— Donnez quelques observations sur l'usage abusif du *point interrogatif.* 797 408*.

1215*.— Quel est l'usage du *point exclamatif?* 798 409*.

1216*—Quelle est la place du *point exclamatif?* 798 409*.

1217*—Dans quel cas emploie-t-on les *points suspensifs?* 799 410*.

DES SIGNES ORTHOGRAPHIQUES

1218*—Qu'est-ce que la *parenthèse,* et quel en est l'usage? 800 411*.

1219*— Quel est l'usage du *tiret?* 801 412*.

1220*— Qu'est-ce que les *guillemets,* et quel en est l'usage? 802 413*.

1221*— Quels sont les mots dont la lettre initiale doit être une majuscule? 803 414*.

EXERCICES LEXICOLOGIQUES,

OU

CLASSIFICATION GRAMMATICALE DES MOTS.

1er EXERCICE.

SUBSTANTIF. (64 à 72, 76 à 87; 39 à 44 *.)

	É.	G.	N. (1)			É.	G.	N
Chien	s.	c.	m.	s.	La Méditerranée	s.	p.	f.	s.
Chienne	s.	c.	f.	s.	L'Archipel	s.	p.	m.	s.
Azor	s.	p.	m.	s.	Volcan	s.	c.	m.	s.
Zémire	s.	p.	f.	s.	Orage	s.	c.	m.	s.
Chevaux	s.	c.	m.	p.	Chat	s.	c.	m.	s.
Les fleurs	s.	c.	f.	p.	Bucéphale	s.	p.	m.	s.
Les Alpes	s.	p.	f.	p.	Les Andelys	s.	p.	m.	p
Les Ourals	s.	p.	m.	p.	Les Andes	s.	p.	f.	p
Adolphe	s.	p.	m.	s.	Animaux	s.	c.	m.	p.
Amitié	s.	c.	f.	s.	Les fleurs	s.	c.	f.	p.
Jour	s.	c.	m.	s.	Tendresse	s.	c.	f.	s.
Vache	s.	c.	f.	s.	Amour	s.	c.	m.	s.
Herriette	s.	p.	f.	s.	César	s.	p.	m.	s.
Rhône	s.	p.	m.	s.	Paradis	s.	p.	m.	s.
Lune	s.	p.	f.	s.	Image	s.	c.	f.	s.
Soleil	s.	p.	m.	s.	Ordre	s.	c.	m.	s.
Etna	s.	p.	m.	s.	Un os	s.	c.	m.	s.
Courage	s.	c.	m.	s.	Les os	s.	c.	m.	p.
Aventure	s.	c.	f.	s.	Un tour	s.	c.	m.	s.
La Garonne	s.	c.	f.	s.	Une tour	s.	c.	f.	s.
Mer	s.	c.	f.	s.					

On fera rendre compte de la classification de chaque substantif.

CHIEN, *subst.* parce que ce mot exprime un *être.*

        com. parce qu'il désigne une classe d'individus.

        masc. parce qu'il exprime un être *mâle* (2).

        sing. parce qu'il ne désigne qu'un seul objet.

(1) C'est-à-dire *étendue, genre, nombre.* — (2) Pour un nom de chose, comme *soleil,* parce qu'on dit *le... un...*

2ᵉ EXERCICE.

ADJECTIFS. (87 à 91, 96; 47, 48*.)

CE JOLI JARDIN.

Jardin	s.	c.	m.	s.	
ce	a.	d.	m.	s.	jardin(1).
joli	a.	q.	m.	s.	jardin.

CES JOLIS JARDINS.

Jardins	s.	c.	m.	p.	
ces	a	d	m.	p.	jardins.
jolis	a.	q.	m.	p	jardins.

CETTE JOLIE FLEUR.

Fleur	s.	c.	f.	s.	
cette	a.	d.	f.	s.	fleur.
jolie	a.	q.	f.	s.	fleur.

CES JOLIES FLEURS.

Fleurs	s.	c.	f.	p.	
ces	a.	d.	f.	p.	fleurs.
jolies	a.	q.	f.	p.	fleurs.

CET AIMABLE ENFANT.

Enfant	s.	c.	m.	s.	
cet	a.	d.	m.	s.	enfant.
Aimable	a.	q.	m.	s.	enfant.

EXERCICE.

Ce bon livre.
Cet excellent homme.
Cette bonne poire.
Ces jolis oiseaux.
Ce vertueux Fénelon.
Cet aimable Paul.
Cette modeste Julie.
Ces hautes Alpes.
Ces beaux chevaux.
Ces brillants joyaux.
Cet immense Océan.
Cette Terre ronde.

Ces jolis joujous.
Ces tristes hiboux.
Ce vrai courage.
Cet ordre admirable.
Ces bons chevaux.
Ces bals brillants.
Ces longs baux.
Ces beaux yeux.
Cette ardeur guerrière.
Cet ennui prolongé.
Ces nobles aïeux.
Ces ciels peints.

(1) Les substantifs placés à la droite de la classification indiquent le rapport de l'adjectif.

5e EXERCICE.

ADJECTIFS. (90, 91, 97 ; 47, 48*.)

MON CHER AMI.

Ami	s.	c.	m.	s.	
mon	a.	d.	m.	s.	ami.
cher	a.	q.	m.	s.	ami.

MES CHERS ENFANTS.

Enfants	s.	c.	m.	p.	
mes	a.	d.	m.	p.	enfants.
chers	a.	q.	m.	p.	enfants.

MA CHÈRE AMIE.

Amie	s.	c.	f.	s.	
ma	a.	d.	f.	s.	amie.
chère	a.	q.	f.	s.	amie.

MES CHÈRES FILLES.

Filles	s.	c.	f.	p.	
mes	a.	d.	f.	p.	filles.
chères	a.	q.	f.	p.	filles.

MON AIMABLE SOEUR.

Sœur	s.	c.	f.	s.	
mon *pour* ma	a.	d.	f.	s.	sœur.
a'mable	a.	q.	f.	s.	sœur.

On fera voir que les adjectifs suivants sont dans la même classe:

Ton, ta, tes.
Son, sa, ses.

Notre, nos.
Votre, vos.
Leur, leurs.

EXERCICE.

Ma bonne Caroline.
Ton ancienne robe.
Son avidité cruelle.
Ta sœur cadette.
Son indiscrète question.
Notre heureuse étoile.
Vos leçons instructives.
Leur chère Alexandrine.
Mes nouveaux amis.
Vos repas frugaux.
Leurs combats navals.
Notre défense expresse.
Votre science supérieure.
Ma tante imprimeur.
Sa voix enchanteresse.
Ses yeux bleus.
Nos places publiques.

Leurs longues moustaches.
Mes intéressants élèves.
Vos chers enfants.
Ma vieille habitude.
Votre sotte envie.
Sa parole créatrice.
Leur figure trompeuse.
Ses meilleurs amis.
Leurs Alpes inaccessibles.
Notre belle France.
Votre réponse ambiguë.
Nos illustres généraux.
Ton humeur jalouse.
Ma fièvre tierce.
Ta douce voix.
Vos fausses promesses.
Leurs vœux fatals.

4ᵉ EXERCICE.

ADJECTIFS. (90, 91, 98; 47, 48*.)

UN LIVRE VERT.

Livre	s.	c.	m.	s.	
un	a.	d.	m.	s.	livre.
vert	a.	q.	m.	s.	livre.

UNE JOLIE MAISON.

Maison	s.	c.	f.	s.	
une	a.	d.	f.	s.	maison.
jolie	a.	q.	f.	s.	maison.

DEUX BELLES MAISONS.

Maisons	s.	c.	f.	p.	
deux	a.	d.	f.	p.	maisons.
belles	a.	q.	f.	p.	maisons.

PLUSIEURS BONS LIVRES.

Livres	s.	c.	m.	p.	
plusieurs	a.	d.	m.	p.	livres.
bons	a.	q.	m.	p.	livres.

EXERCICE.

Quatre bons chevaux.
Vingt bonnes lettres.
Cinq meilleures pages.
Huit grammaires grecques.
Treize poires mûres.
Seize soldats tués.
Trente ans révolus.
Quarante personnes tuées.
Soixante maisons brûlées.
Cent volumes reliés.

Mille hommes courageux.
Une ville incendiée.
Un palais superbe.
Six beaux jardins.
Trois jolies demoiselles.
Sept jeunes garçons.
Dix petits enfants.
Cinquante bons généraux.
Quelques bons livres.
Certaines maisons nouvelles.

5ᵉ EXERCICE.

ADJECTIFS. (90, 91, 94; 47, 48, 52*.)

LE TIGRE CRUEL.

Tigre	c.	c.	m.	s.	
le	a.	d.	m.	s.	tigre.
cruel	a.	q.	m.	s.	tigre.

LA PANTHÈRE CRUELLE.

Panthère	s.	c.	f.	s.	
la	a.	d.	f.	s.	panthère.
cruelle	a.	q.	f.	s.	panthère

L'ARBRE TOUFFU.

Arbre	s.	c.	m.	s.	
l' pour le	a.	d.	m.	s.	arbre.
touffu	a.	q.	m.	s.	arbre.

L'IMAGE COLORIÉE.

Image	s.	c.	f.	s.	
l' pour la	a.	d.	f.	s.	image.
coloriée	a.	q.	f.	s.	image.

LES CHARMANTS ENFANTS.

Enfants	s.	c.	m.	p.	
les	a.	d.	m.	p.	enfants.
charmants	a.	q.	m.	p.	enfants.

EXERCICE.

Le gentil jardin.
La mine friponne.
L'ancienne mode.
L'ordre admirable.
Les nouvelles fleurs.
Les nouveaux habits.
L'habit neuf.
Le hameau désert.
La harpe harmonieuse.
L'habitude vicieuse.
Les beaux bals.
Les durs cailloux.
Les nouveaux joujous.

Le ciel étoilé.
La Seine rapide.
Le Vésuve terrible.
La Terre ronde.
La pâle Lune.
L'enseignement mutuel.
La force majeure.
Les nouveaux élèves.
Les maux soufferts.
Les brillants carnavals.
Les longs régals.
Les coups fatals.
La longue agonie.

6ᵉ EXERCICE.

ADJECTIFS. (95, 58*.)

AU LABOUREUR.

Laboureur		s.		c.		m.		s.	
au *pour* à le		a.		d. c. (1)		m.		s.	laboureur.

AUX CIEUX.

Cieux			c.		m.		p.	
aux *pour* à les	a.		d. c.		m.		p.	cieux.

DU JARDIN.

Jardin		s.		c.		m.		s.	
du *pour* de le		a.		d. c.		m.		s.	jardin.

DES JARDINS.

Jardins		s.		c.		m.		p.	
des *pour* de les		a.		d. c.		m.		p.	jardins.

EXERCICE.

Des fleurs.

Aux bons enfants.

Aux bonnes leçons.

Des soldats.

Des troupes.

Au bon vin.

Au joli jardin.

Des vertus.

Des armes.

Aux Alpes.

Aux Ourals.

Au Japon.

Des Andes.

Des joujous.

(1) Contracté.

7e EXERCICE.

NOUVELLES SUBDIVISIONS DU SUBSTANTIF.

(72 à 76 , 44 à 47*.)

1º RIEN N'EST BEAU QUE LE VRAI.

| Rien | s. | ind. (1) | m. | s. |
| le vrai | s. | acc. (2) | m. | s. |

On fera classer de même les mots *autrui*, *personne*, *tout*, *chacun*, *quiconque*, *on*, comme dans :

Ne dites point de mal *d'autrui*.
Personne n'est venu.
Tout lui plaît.
Chacun l'admire.
Quiconque médit est blâmable.
On médit d'abord, puis *on* calomnie (3).

Les substantifs accidentels sont les mots employés substantivement comme *mentir* est honteux, l'*utile*, l'*agréable*, le *beau*, le *vrai*, les *comment*, les *si*, les *car*, les *pourquoi*, les *hélas*, les *holà*.

2º LE VOLE-AU-VENT EST DANS LE GARDE-MANGER.

| Vole-au-vent | s. | c. | comp.(4) | m. | s. |
| Garde-manger | s. | c. | comp. | m. | s. |

On fera classer de même, à l'exception du genre et du nombre, les substantifs composés ou expressions substantives.

(1) Indéfini.— (2) Accidentel. —(3; Ces mots se classent aussi dans les pronoms. — (4) Composé.

8ᵉ EXERCICE.

SUBDIVISION DE L'ADJECTIF DÉTERMINATIF.

(94 à 101, 49 à 55*.)

CES DEUX LIVRES.

Livres	s.	c.	m.	p.	
ces	a. d.	dém. (1)	m.	p.	livres.
deux	a. d.	num. (2)	m.	p.	livres.

MES DIX-HUIT ÉLÈVES.

Élèves	s.	c.	m.	.	
mes	a. d.	pos. (3)	m.	p.	élèves.
dix-huit	a. d.	n. comp.	m.	p.	élèves.

LE BON FILS.

Fils	s.	c.	m.	s.	
bon	a.	q.	m.	s .	fils.
le	a.	d.	m.	s.	fils.

On classera de même *la* et *les*.

Pour la classification de l'adjectif déterminatif contracté, voy. pag. 93.

EXERCICE.

Vingt-quatre francs.	Nos plaisirs.
Certaine bonne nouvelle.	Ces cent hommes.
Nulle envie.	Cette cruelle mort.
Aucun homme.	Un vrai plaisir.
Tout homme.	Dix-neuf villes.
Tous les enfants.	Cinq cents chevaux.
Pour lequel honneur.	Quel bel homme !
Sans laquelle pensée.	Quelle faveur !
Douze soldats.	Quelle heure est-il ?
Vos quatre enfants.	Auquel lieu.
Plusieurs femmes.	Auxquels auteurs.
Quelque affaire.	Tel maître, tel valet.
Certains animaux.	Vos réponses mêmes.
Nuls frais.	Ces mêmes hommes.

(1) Démonstratif. — (2) Numéral. — (3) Possessif.

9e EXERCICE.

(87 à 101, 39 à 55*.)

EXERCICE GÉNÉRAL.

L'élève ne classera pas les mots en italique.

Ces trois enfants *sont* jolis.

Notre belle France *est* glorieuse.

Toute l'Europe *est* armée.

Nulle autre pensée *n'occupe* mon esprit.

Cette vaine gloire *est* évanouie.

La mort *étend* sa faux *sur* tous les hommes.

Chacun *a* ses défauts.

Le repos *succède* au travail.

Ces belles fourrures *viennent* du Nord.

Nulle paix *pour* l'impie.

Le sage *préfère* l'utile *à* l'agréable.

Dieu *voit* tout ; rien *ne peut lui être* caché.

Quelle *est* votre intention ?

Faites un devoir quelconque.

Nul *n'est* content *de* son sort.

Ces plantes mêmes *que vous croyez* nuisibles *sont* *très*-salutaires.

Les chefs-d'œuvre des arts *furent* respectés.

10ᵉ EXERCICE.

PRONOMS. (102 à 111, 55 à 59*.)

IL ME VOIT.

| Il | *p.* | 3ᵉ *p.* | *m.* | *s.* |
| Me | *p.* | 1ʳᵉ *p.* | *m.* | *s.* |

ELLE VOUS CONNAIT.

| Elle | *p.* | 3ᵉ *p.* | *f.* | *s.* |
| Vous | *p.* | 2ᵉ *p.* | *m.* | *p.*(1) |

EXERCICE.

L'élève ne classera que les pronoms.

Ils sont heureux.
Nous les avons.
Vous nous aimez.
Je te connais.
Tu me vois.
Il se met à son aise.
Elle s'habille.
Je le connais.
On la donne.
Il la refuse.
Prête-le-moi.
Je la cherche.
Je te le rendrai.

Tu la leur prêtes.
Tu les lui donnes.
Donne-moi celui que tu
  voudras.
Prenez ceux que vous
  désirez.
Les fleurs auxquelles je
  donne la préférence
  sont les roses.
Associe-toi avec eux.
Ce qui me plaît n'est pas
  cela.
Il pleuvra aujourd'hui.

(1) Quand ce pronom se rapporte à une seule personne, on le classe comme étant du singulier.

11e EXERCICE.

SUBDIVISION DES PRONOMS. (111 à 114, 59 à 64*.)

IL ME VOIT.

Il	p.	sub. (1)	3e p.	m,	s.
Me	p.	comp. (2)	1re p.	m.	s.

EXERCICE.

Je les aime.	Apporte-moi ceux que tu
Vous nous plaisez.	voudras.
Ils leur parlent.	Il est plus heureux que toi.
C'est pour moi.	On me voit.
J'approuve ce que tu fais.	Qui choisis-tu ?
Ceci me plaît.	Qui te blâme ?
Chacun pense à soi.	

(1) Subjectif. — (2) Complétif.

La personne qui se présente est celle que vous avez demandée.

Qui	p.	sub.	3e p.	f.	s.	personne.
se	p.	compl.	3e p.	f.	s.	personne.
Celle	p.	c. dém.	3e p.	f.	s.	personne.
Que	p.	c. conj.	3e p.	f.	s.	personne.
Vous	p.	sub.	2e p.	m.	s.	

EXERCICE.

Dites-moi ce dont vous vous plaignez. Ces fleurs que j'aimais tant, auxquelles je donnais tous mes soins, et dont l'acquisition m'a coûté si cher, sont totalement détruites. Quel est celui que vous me donnerez? Celui que vous désirerez.

Pour l'analyse des divers compléments, voyez la *Grammaire*, no 135 à 142, 365 ; 74 à 78, 185*.

12e EXERCICE.

(102 à 117, 55 à 64.)

EXERCICE GÉNÉRAL.

Si l'on te prête quelque chose, il faut que tu le rendes.

Fais à autrui ce que tu voudrais que l'on te fît.

Avouons nos torts à ceux qui nous aiment.

L'accomplissement des devoirs se lit sur le visage.

L'ordre a trois avantages : il soulage la mémoire, il ménage le temps, il conserve les choses.

Celui qui dit : je m'ennuie, ne s'aperçoit pas qu'il dit précisément : Je suis pour moi-même une sotte et ennuyeuse compagnie.

Songe à tes défauts pour t'en corriger.

Élève ton cœur à Dieu ; prie-le pour toi et pour ceux que tu aimes.

Vois toujours devant toi l'homme dont tu vas parler.

Veux-tu que tes désirs aient leur effet ? ne désire que ce qui dépend de toi.

Si tu achètes le superflu, tu vendras bientôt le nécessaire.

La médisance use les bonnes qualités du cœur.

Dieu me voit, ma conscience en jouit, et ma mère pourra le savoir : triple motif à toute bonne action.

On recommence ses fautes quand on les oublie.

Rien de trop, c'est la devise du sage.

15ᵉ EXERCICE.

VERBE.

DIFFÉRENTES ESPÈCES DE VERBES. (117 à 135, 138 à 141; 55 à 74*.)

Paul frappe Émile qui pleure.

Frappe	*v. trans.*	suj. *Paul.*
Pleure	*v. intrans.*	suj. *qui (Émile.)*

On se met à couvert quand il pleut.

Met	*v. réfl.*	suj. *on.*
Pleut	*v. imp.*	suj. *il.*

Il se repent, il se désole.

Repent	*v. ess. réfl.*	suj. *il.*
Désole	*v. accid. réfl.*	suj. *il.*

EXERCICE.

J'étudie mes leçons, je les récite. Adore Dieu, obéis-lui, soumets-toi à sa volonté. Vos amis viendront, s'amuseront. Je vous aime et vous respecte. Je leur parle de vous. Elle se mire et elle s'admire. Il pleuvait tant, que je ne pouvais sortir. Il faut que tu parles cette langue. Je désire que vous restiez. Je sors et je rentrerai bientôt. La fileuse file. Cette liqueur file. L'ennemi nous fuit. Ce tonneau fuit. Il convient que tu te taises. Ce livre m'amuse, il me convient. Il faut s'abstenir.

14ᵉ EXERCICE.

VERBE.

MODES. (142 à 149, 78 à 80*.)

Il faut étudier vos leçons. — Je les étudie.

Étudier	v. trans.	ind.	
Étudie	v. trans.	aff.	suj. je.

Viens. Viens-tu?

Viens	v. intrans.	imp.	suj. s. ent. toi.
Viens	v. intrans.	inter.	suj. tu.

Il faut que tu t'habilles.

Habilles	v. accid. réfl.	subj.	suj. tu.

EXERCICE.

Crains-tu qu'on ne te voie? Écoute ce que je te
dis. Je crains de vous déplaire. Prends garde à ce
que tu fais. N'abuse pas de tes avantages. Veux-tu
que je te suive? Suis le bon exemple. Je souhaite
que tu réussisses. M'entends-tu? Choisis ce que tu
veux. Il ne faut pas trembler. Je crains qu'on ne
vienne. Chantez-vous? Allons ensemble. M'écriras-
tu? Avertis-moi. Je ferai ce que tu me diras. Va te
promener. Il faut que tu saches te taire.

TABLEAU DES TEMPS.

MODE AFFIRMATIF.

1 Présent simple, je *chante.*
2 ———— conditionnel, je *chanterais.*
3 Passé indéfini, j'*ai chanté*
4 ——— défini, je *chantai.*
5 ——— simultané, je *chantais.*
6 ——— postérieur, je *chanterais.*
7 ——— antérieur médiat, j'*avais chanté.*
8 ———antérieur immédiat, j'*eus chanté.*
9 ——— conditionnel, j'*aurais chanté.*
10 ——— dubitatif, j'*aurai chanté.*
11 Futur simple, je *chanterai.*
12 ——— conditionnel, je *chanterais.*
13 ——— antérieur, j'*aurai chanté.*
14 ——— antérieur conditionnel, j'*aurais chanté.*

MODE IMPÉRATIF.

15 Futur simple, *chante.*
16 ——— antérieur, *aie chanté.*

MODE SUBJONCTIF.

17 Présent simple, que je *chante.*
18 Futur simple. *id.*
19 Présent conditionnel, que je *chantasse.*
20 Futur conditionnel. *id.*
21 Passé défini. *id.*
22 ——— postérieur, *id.*
23 ——— simultané, *id.*
24 Passé indéfini, que j'*aie chanté.*
25 Futur antérieur, *id.*
26 Passé antérieur, que j'*eusse chanté.*
27 ——— conditionnel, *id.*
28 Futur antérieur conditionnel, *id.*

MODE INDÉFINI.

29 Infinitif, *chanter.*
30 — Passé, { *avoir chanté.* *ayant chanté.*
31 — Futur, *devant chanter.*
32 — Participe présent, *chantant.*
33 ———— passé, *chanté.*

15e EXERCICE.

VERBE.

TEMPS. (153 à 188; 80 à 90*.)

Je vous obéis.

Obéis | *v. intr.* | *aff.* | *prés. sim.* | suj. *je.*

On me voyait.

Voyait | *v. trans.* | *aff.* | *pass. simul.* | suj. *on.*

Pleuvra-t-il ?

Pleuvra | *v. imp.* | *inter.* | *fut. sim.* | suj. *il.*

ABRÉVIATIONS DES TEMPS.

MODE AFFIRMATIF.		
1 *Prés. sim.*	13 *Fut. ant.*	23 *Pas. simul.*
2 *Prés. cond.*	14 *Fut. ant. cond.*	24 *Pas. ind.*
3 *Pas. ind.*	MODE IMPÉRATIF.	25 *Fut. ant.*
4 *Pas. déf.*	15 *Fut. sim.*	26 *Pas. ant.*
5 *Pas. simul.*	16 *Fut. ant.*	27 *Pas. cond.*
6 *Pas. post.*	MODE SUBJONCTIF.	28 *Fut. ant. cond.*
7 *Pas. ant. m.*	17 *Prés. sim.*	MODE INDÉFINI.
8 *Pas. ant. im.*	18 *Fut. sim.*	29 *Inf.*
9 *Pas. cond.*	19 *Prés. cond.*	30 *Pas.*
10 *Pas. dub.*	20 *Fut. cond.*	31 *Fut.*
11 *Fut. sim.*	21 *Pas. déf.*	32 *Part. prés.*
12 *Fut. cond.*	22 *Pas. post.*	33 *Part. pas.*

EXERCICE.

Je vous obéirai. J'aurai dîné. J'avais marché. Je me serai habillé. Je m'en repentirais. Je me suis sali. Je m'amusais. Je partis dès que j'eus déjeuné. Il m'aurait reconduit. Ne viendras-tu pas ? Je voudrais que tu restasses. Je craignais qu'il ne lui fût arrivé quelque chose. Hâtez-vous de peur qu'on ne vienne. Il faut qu'on sorte. Je crains que vous n'ayez parlé. Je sortirais s'il fesait beau. Je croyais que tu sortirais. Il sera sorti de bonne heure. Marchant ainsi, j'arriverai à temps. Je le crois parti.

16e EXERCICE.

VERBE.

PERSONNE ET NOMBRE. (105 à 109; 55, 56*.)

Je ris et tu pleures.

| Ris | *v. intr.* | *aff.* | *prés. sim.* | 1re pers. | *sing.* | suj. *je.* |
| Pleures | *v. intr.* | *aff.* | *prés. sim.* | 2e pers. | *sing.* | suj. *tu.* |

Fesons ce qu'ils désirent.

| Fesons | *v. trans.* | *imp.* | *fut. sim.* | 1re pers. | *plur.* | s. *nous.* |
| Désirent. | *v. trans.* | *aff.* | *prés. sim.* | 3me pers. | *plur.* | suj. *ils.* |

EXERCICE.

Je doute qu'on leur ait parlé. Si tu perds ton temps, tu t'en repentiras. Nous oublions aisément nos fautes. Voulez-vous que je vous accompagne? il convient que vous vous taisiez. Que veulent ces enfants? Craignez de leur déplaire. Faites-vous ce que vous devez? Ils ne veulent rien faire de ce qu'on leur dit. Il conviendrait que vous l'attendissiez. J'avais dîné quand ils arrivèrent. Je craignais que tu ne te fusses trompé. Travaillant ainsi, tu réussiras. Je ne l'ai point trouvé dans sa chambre; il sera sorti par le jardin. Crains qu'on ne te voie. Sache vaincre tes passions. Il faut que chacun meure.

17e EXERCICE.

MOTS INVARIABLES. (197, 205, 216, 220 ; 90 à 100*.)

Abréviations.

Adv.	Adverbe.
Prép.	Préposition.
Conj.	Conjonction.
Excla.	Exclamation.
Exp. adv.	Expression adverbiale.
Exp. prép.	— prépositive.
Exp. conj.	— conjonctive.
Exp. excla.	— exclamative.

Quand un mot invariable est employé comme tel accidentellement, on ajoute l'abréviation *accid.*

EXERCICE.

J'irai demain à la campagne, s'il fait beau.

Hélas ! ces doux instants si chers à mon cœur seront bientôt passés !

Soyez toujours aimable envers tout le monde, si vous voulez qu'on vous aime.

J'irai volontiers avec vous, partout où vous voudrez.

Peut-être ne les reverrai-je plus ; car ils voyagent dans des pays si éloignés de nous.

Excepté quelques amis, je ne recevrai personne dans ma retraite.

Quant à vous, je vous verrai toujours avec plaisir.

Il ne possède rien ; toujours est-il content.

Je voudrais vous revoir encore auprès de nous.

Je ne vous vois plus ; encore si vous m'écriviez.

Encore devriez-vous m'écrire de temps en temps.

Hé quoi ! vous me traitez ainsi !

Je pense, donc j'existe.

Voyons ! parlez donc.

EXERCICE GÉNÉRAL.

Quand on court après l'esprit, on attrape souvent la sottise.

On peut vivre sans frère; mais on ne peut jamais vivre sans ami.

Nous nous perdons autant par nos propres flatteries que par celles des autres.

Comportez-vous envers vos parents comme vous voudriez que vos enfants se conduisissent un jour envers vous.

On prévoit les regrets avant la faute, mais on n'en connaît bien toute l'amertume qu'après. (*Ne que* équivaut à *seulement*; c'est une expression adverbiale.)

Songe souvent à ta mère; car c'est la meilleure distraction contre les pensées dangereuses.

> De la bonté céleste un rayon éternel
> Semble se réfléchir dans le cœur maternel;
> Et la Divinité nous offrant son image,
> Sous les traits d'une mère appelle notre hommage.

> Dieu sait quand il lui plaît faire éclater sa gloire,
> Et son peuple est toujours présent à sa mémoire.

> Ainsi que la rose
> Fraîchement éclose
> La beauté séduit;
> Mais trop passagère,
> D'une aile légère,
> La beauté s'enfuit.

> Être discret n'est pas chose facile,
> C'est un talent plus précieux que l'or;
> La garde d'un secret est souvent plus utile
> Que n'est la garde d'un trésor.

> Dis-moi, sage Ariston, qu'éclaire la science,
> Pourquoi l'adolescent et le vieillard, partout
> Ne sont jamais d'intelligence?
> — C'est qu'aveuglé par l'ignorance,
> C'est qu'instruit par l'expérience,
> L'un ne doute de rien, l'autre doute de tout.

EXERCICES
GRAMMATICAUX.

~~~~~~

DEUXIÈME PARTIE. — LEXIGRAPHIE.

CHAPITRE PREMIER.

DU SUBSTANTIF.

—

PREMIER DEGRÉ.

Ier EXERCICE (n°s 224 100 *).— *Questionn.*, 411 et 412.

On fera faire la classification des mots, rendre compte du pluriel des substantifs, observer l'orthographe des autres mots, et écrire enfin cet exercice sous la dictée.

1. — Les *enfants* jouent. Les *lions* rugissent. Les *loups* hurlent. Les *chiens* aboient. Ces *chats* miaulent. Nos *fleurs* se faneront. Vos *larmes* coulèrent. Les *vents* agitent les *fleurs*. Les *enfants* déchirent leurs *livres*. Les *vers* rongent les *fruits*. Les *fleurs* ornent les *jardins*.

2ᵉ EXERCICE (nᵒˢ 224 100*).—*Questionnaire*, 411 à 414.

On fera classer, puis mettre au pluriel les mots des phrases suivantes, en ayant soin d'indiquer le pluriel des verbes et des adjectifs.

Cet *enfant* a un *joujou*. Ce *livre* avait une *tache*. Cette *rose* avait un *bouton*. Ma *sœur* aura une belle *robe*. Le *loup* dévore le *mouton*. L'*enfant* docile obéit à son *maître*. Le bon *écolier* étudie et récite sa *leçon*.

3ᵉ EXERCICE (nᵒˢ 224 100*).—*Questionnaire*, 411 et 412.

On fera mettre au singulier ce qui est au pluriel, et au pluriel ce qui est au singulier, en aidant l'élève pour l'orthographe des mots qui ne sont pas des substantifs.

Les hommes. Le chien. Ma sœur. Mes frères. L'ordre. L'orange. Nos enfants. Des plumes. Cette maison. Ces fleurs. Tes amis. Tes armes. Leurs sœurs. Leurs parents. Des oranges. Leur mère. Son frère. Quelques motifs. Mon cahier. Ce chien est fidèle. Mon frère était malade. Mes sœurs seront contentes. Mon maître est satisfait.

4ᵉ EXERCICE (nᵒˢ 225 100*).—*Questionnaire,* 414.

On fera copier les mots suivants, en fesant observer qu'ils se terminent par une *s*, quoiqu'ils soient du singulier ; et l'on en fera mettre plusieurs au pluriel.

2. — Un lacs (filet), un dais, ce laquais, un marais, le palais, un panais, un relais, un legs (donation), l'ananas, mon bas, ce cervelas, votre lilas, un coutelas, mon repas, du taffetas, un galetas, un tiers, cet abcès,

un accès, le cyprès, un décès, cet excès, votre procès, quelque progrès, leur succès, du grès, un mets, etc.

Beaucoup d'autres substantifs singuliers se terminent aussi par une *s*, mais cette lettre est indiquée par la dérivation : dos *dossier;* abus, *abuser;* repos, *reposer;* bras, *embrasser;* mépris, *mépriser*, etc., etc.

5.e EXERCICE (n°s 224 et 225, 100 *).—*Quest.*, 411 et 414.

On fera mettre au singulier ce qui est au pluriel, et *vice versá*.

Des bas, ces acacias, vos matelas, des sofas, ma brebis, mon repas, leurs filets, ces mets, des puits, des nuits, vos avis, vos amis, un carquois, tes habits, les rubis, les poids, les froids ; quels excès, nos succès, les palais, des essais.

6e EXERCICE (n°s 225, 100 *).—*Questionnaire, 414.*

Il comprend les principaux substantifs en *x*, et ceux en *z*. On les fera copier comme les précédents.

Le faix (fardeau), la faux, un gueux, un creux, un sphinx, un lynx, le choix, la noix, une croix, la poix, la voix, un prix, un crucifix, la perdrix, la chaux, le taux, un envieux, un curieux et autres adjectifs pris substantivement, le nez, le gaz, un époux, un jaloux.

7e EXERCICE (n°s 224 à 227; 100, 101 *). — *Questionn.* 411 à 419.

On fera rendre compte du pluriel des substantifs et classer les mots de chaque phrase.

5. — Mes *cheveux* se hérissent. Les *eaux* s'écoulent par des *tuyaux*. Vos *neveux* suivront vos conseils. Les

chasseurs rapporteront des *perdreaux,* des *perdrix,* des *levrauts* et des *lapereaux.* Ces *lieux* charment les *voyageurs.* Les *dieux* exaucèrent ses *vœux.* Les *brebis* allaitent les *agneaux.*

———

On fera mettre au pluriel les phrases suivantes', en aidant l'élève pour l'orthographe des adjectifs et des verbes.

Le *pieu* est droit. Ce *tuyau* fuit. Le *souriceau* suit la souris. L'*essieu* se brise. Que votre *vœu* s'accomplisse. Le *bigarreau* est moins sain que la *cerise.* Que cet *adieu* est pénible ! Mon *neveu* a fait un *aveu.*

———

On fera mettre au pluriel ce qui est au singulier, et *vice versâ.*

Le *rosier* est un joli *arbrisseau.* Les *perdreaux* so nt pris dans des *rets.* Les *pieux* sont enfoncés dans des *creux.*

———

On fera rendre compte du pluriel des substantifs suivants.

Des choux , des verrous , les époux , mes genoux, ces bijous , vos joujous , les filous , des cailloux , des jaloux, les hiboux , les sapajous , les poux , des sous , des licous.

———

On fera mettre au plu riel les phrases suivantes, en ayant soin d'in-diquer l'orthographe des verbes et des adjectifs.

Le *hibou* se cache dans un *trou.* Le *chou* rouge est sain. Le *sapajou* est leste. Le *caillou* est dur. L'*enfant* brise son *joujou.* Le *filou* escamote un *bijou.* Le *pou* est dégoû-

tant. Le *verrou* se tire. Le *fou* déraisonne. Le *genou* flé-
chit.

8e EXERCICE (n°s 224 à 229, 100 à 104 *). — *Questionn.*,
411 à 430.

On fera faire la classification des mots, observer l'orthographe des
adjectifs et des verbes, et rendre compte du pluriel des substantifs.
On fera ensuite la dictée de ce même exercice.

4. — La plupart des *charretiers* sont les *bourreaux* de
leurs *chevaux*. Cet *homme* a des *cals* aux *mains* et aux
genoux. De grands *bateaux* couvrent ces *canaux*. Dans
ces *pays* les *carnavals* sont plus beaux et plus longs que
chez nous. Tous ces *fléaux* causent bien des *maux*. Les
panais, les *poireaux* et les *choux* ne sont pas des *régals*
pour moi. Les *pals* sont des *pieux* aigus. Les *caracals* et
les *sapajous* sont des *animaux* très-agiles. Les *épouvan-
tails* éloignent les *oiseaux*. Ces *caveaux* ont des *soupiraux*.
Les *vitraux* de ces *églises* sont admirés. Les *bestiaux* paissent sur ces *coteaux*. Les *aulx* blanchissent les *dents*.
Ces *canaux* ont exigé d'immenses *travaux*. Ces *détails*
m'obligent de faire deux *travails*. Que nos *neveux* sui-
vent l'exemple de leurs *aïeux*. J'ai pour *aïeuls* deux gé-
néraux. Les *hiboux* ont les *yeux* ronds. Les *œils-de-
bœuf* sont de petites *croisées* rondes ou ovales. Les *yeux*
du bœuf sont gros. Plus le bouillon a d'*œils*, meilleur il
est. Les *cieux* sont la demeure des *bienheureux*. Les
ciels de ces *tableaux* sont bien faits. On a pris autrefois
des *coraux* pour des *arbrisseaux* de mer.

9ᵉ EXERCICE (nᵒˢ 224 à 229, 100 à 104 *). —*Questionn.*, 411 à 430.

On fera mettre au pluriel les phrases suivantes.

5. — Le *soupirail* est ouvert. Le *vaisseau* a un gouvernail. Ce *général* a été *caporal*. C'est un *régal* un peu cher. On a attaché le *cheval* au *travail*. Le *chacal* est vorace. Le *narval* est l'ennemi de la *baleine*. Ce *corail* est recherché. Le *bétail* abonde dans ce *pays*. L'*œil* de ce *caractère* est trop fort. Voilà un *émail* précieux. Cet *animal* a un *travail* pénible. Le *taureau* est un *animal* fougueux. Mon *aïeul* est bien âgé. L'*ail* est commun dans ce *pays*.

10ᵉ EXERCICE (nᵒˢ 224 à 229, 100 à 104 *). —*Questionn.*, 411 à 430.

On fera corriger les phrases suivantes, que l'on dictera ensuite, après avoir fixé l'attention de l'élève sur l'orthographe des mots, en les fesant classer.

Les *travail* de la campagne sont pénibles. Le ministre a présenté au roi plusieurs *travail*. Les *carnaval* sont longs en Italie. Les *ciel*-de-lit ne sont plus de mode. Il se glorifie de ses nombreux *aïeul*. Mes *aïeul* sont morts depuis peu. La Grèce est située sous un des plus beaux *ciel*. Ce bouillon a beaucoup d'*œil*. Pour composer ces *tableau*, je suis obligé de faire plusieurs *travail*. Les *sapajou* sont de jolis *singe*. Les *hibou* sont des *oiseau* nocturnes. Les *bail* sont résiliés. Les *cantal* sont de bons *fromage*. Cette porte a deux *vantail*. Les *caracal* ne se trouvent que dans les *climat* les plus chauds. Les *gavial* sont de grands *crocodile* qui se trouvent sur les *bord* du Gange.

DEUXIÈME DEGRÉ.

1ᵉʳ EXERCICE (nᵒˢ 224 à 227, 100, 101*). — *Quest.*, 411 à 419.

. 1° On fera corriger cet exercice, et sur le corrigé on fera faire la classification des mots, rendre compte du pluriel des substantifs, et observer l'orthographe des autres mots.

2° On en fera une dictée.

6. — L'huile de lavande détruit les *ver*, les *pou*, les *mite* et autres *insecte*. Les *coucou* mangent les petits *oiseau*. Les *moineau* ne se plaisent ni dans les *bois*, ni dans les vastes *campagne*; on n'en voit pas même dans les *hameau* et dans les *ferme* qui sont au milieu des *forêt*. Les *chameau* mugissent comme les *taureau*. Avec les *agate* on fait des *tabatière*, des *bague*, des *cachet* et autres *bijou* précieux. L'aune sert à faire des *tuyau* sous terre pour la conduite des *eau*. Les *hibou* cherchent les *lieu* obscurs. Des *gaz* malfesants s'exhalent des *marais*.

2ᵉ EXERCICE (nᵒˢ 224 à 129, 100 à 104*).—*Quest.*, 411 à 430.

Comme pour le premier.

7. — Les *campagnol* sont de petits *animal* encore plus redoutables que les *mulot*. Ces *contrée* sont situées sous de beaux *ciel*. Le bon *fromage* de Gruyère a beaucoup d'*œil*. Les *cave* sont éclairées par les *soupirail*. Les

maréchal se servent de *travail* pour contenir les *cheval* vicieux. Les *richesse* des *patriarche* consistaient principalement en *bétail*; c'étaient des *chèvre*, des *brebis*, des *chameau*, des *bœuf* et des *âne* : ils ne nourrissaient ni *cheval* ni *porc*. Les *paysan* provençaux mangent des *ail*. Ce *commis* a quatre *travail* par mois avec le ministre. Ce pauvre *paysan* a peut-être d'illustres *aïeul*. Les *carnaval* sont des *temps* consacrés à la folie. Il y a dans les *bail* beaucoup de *détail*.

3ᵉ EXERCICE. (*Récapitulation*).

Comme pour les précédents

8. — Qui peut dire : *Je n'ai rien à faire.* N'a-t-il donc ni devoir à remplir, ni défaut à perdre, ni talent à perfectionner, ni consolation ni bienfait à répandre? Les *caillou* du Rhin imitent les *diamant*. Les *hibou* sont des *oiseau* de mauvais augure. Contre les *filou* il n'y a jamais trop de *verrou*. Petits *oiseau*, craignez les *coucou* et les *gluau*. Les *bambou* sont des *roseau* des Indes. L'or ouvre tous les *verrou*, fascine tous les *œil*, donne de la beauté aux *laid* et de l'esprit aux *sot*. Les *vertu* sont de plus beaux *ornement* que les *bijou* et les *joyau*. Les *mine* sont des *lieu* d'où l'on tire des *métal* et des *minéral*. L'enfance est le *temps* des *jeu*. Les succès de l'éducation ne sont achetés que par de longs *travail*. Les *régal* continuels nuisent à la bourse et à la santé. Des *fanal* sont utiles aux *vaisseau*. Les *pipal* sont d'énormes *crapaud*.

CHAPITRE II. — SECTION I.

DE L'ADJECTIF QUALIFICATIF.

— ∘⟨⟩∘ —

PREMIER DEGRÉ.

1er EXERCICE (n°s 229 à 232; 104, 105 *).—*Questionn.*,
430 à 435.

On fera faire la classification des mots, rendre compte de l'orthographe des adjectifs et observer l'orthographe des autres mots, et
l'on terminera par la dictée de cet exercice.

9. — Cette fleur est *jolie*. O mère *chérie !* C'est une
vraie sottise. L'ordre était *troublé*. Ma fille , soyez *polie*.
Cet enfant est *gai*. *Ennuyée* de ne pas nous voir, elle se
rendit chez nous. Je la croyais *perdue*. Chose *promise*
chose *due*. *Arrosée* souvent, cette fleur est plus *jolie*. *Gâté*
à l'excès, cet enfant est *insupportable*. Cette chose est
insupportable. Je crois ce vase très-*fragile*. Elle est *maî-
tresse* de ses actions. La flatterie est *traîtresse*.

2e EXERCICE (n°s 229 à 232; 104, 105 *).—*Questionn.*,
430 à 435.

On fera corriger cet exercice.

Cette nouvelle n'est pas *vrai*. Votre sœur est très-*gai*.
L'orage est *passé*. Ma mère est *guéri* de ses mal de
jambe; il y a vingt jour qu'elle est *rétabli*. Plus une

chose est *défendu,* plus elle est *désiré.* Ce plaisir nous est *défendu.* La culture des fleur est *agréable. Habile* en tout, cette femme sera *recherché.* J'ai une collection *choisi* d'émail. Elle est mieux *paré* par ses vertu que par ses bijou.

3ᵉ EXERCICE (nᵒˢ 229 à 232; 104, 105*). — *Quest.,* 430 à 435.

On fera corriger cet exercice, qu'on dictera ensuite.

10. — La pluie est *tombé.* L'âge est *passé.* La campagne est *embelli.* Ma montre est *arrêté,* elle doit être *remonté.* Ce *joli* jardin est *ombragé.* Cette *joli* maison est *vendu.* La montre *doré* est peu *estimé.* Votre fête si *désiré* est enfin *arrivé.* L'été sera bientôt *passé* et la chaleur *diminué.* L'hiver *arrivé,* la campagne sera bientôt *dépouillé.* Le *vrai* mérite est toujours *recherché.* La conduite de vos neveu est *blâmé.* La dureté des caillou est *passé* en proverbe. L'adresse des filou est *connu.* La fin de nos mal est *arrivé.*

4ᵉ EXERCICE (nᵒ 229 à 232, 104, 105*).—*Quest.,* 430 à 435.

Même observation que ci-dessus.

11. — La fleur *cueilli* est bientôt flétri. Le fruit *tombé* est bientôt gâté. Mon appétit est recouvré et ma santé meilleur. L'étude est ma seul consolation. Le spectacle de la campagne cultivé est toujours admiré. Fatal beauté, tu seras bientôt flétri et dédaigné. L'autorité royal, respecté jusqu'alors, fut bientôt méconnu.

6*

Non moins hardi que le tigre, l'once est facilement dompté et dressé à la chasse de la gazelle. L'oisiveté est fatal à la santé, qui en est souvent altéré. La cave est éclairé et aéré par des soupirail. Cette pluie est fatal aux travail de la campagne. Les ail ont une odeur fort.

5e EXERCICE (n°s 232 à 236, 106 à 110*).—*Quest.,* 435 à 450.

Ou fera rendre compte de l'orthographe des adjectifs.

12. — La soupe *grasse* a des œils. Une *grosse* faute a été *commise. Quelle gentille petite* fille ! Je voudrais avoir une *pareille* montre. Votre sœur est *belle* et *bonne.* La langue *italienne* est *harmonieuse.* Cette demoiselle a la taille *fluette.* Ma fille, sois *discrète.* Ma joie est *complète.* Ma mère est *inquiète* d'être si *replète.* Cette nouvelle est *secrète. Quelle folle* pensée ! *Quelle sotte* réponse ! Elle a la figure *vieillotte.* Je n'en ai *nulle* envie. Fuis la *molle* oisiveté. C'est une *nouvelle* mode. Je le revois avec une *vive* satisfaction. C'est une *vieille* connaissance.

6e EXERCICE n°s 232 à 236, 106 à 110*).—*Quest.,* 435 à 450.

Ou fera corriger cet exercice, qu'ou dictera ensuite.

13. — L'homme est *mortel,* et son ame *immortel.* La lice est une *gros* chienne, elle n'est pas *mignon.* Ma joie est *complet,* et ma bouche *muet.* La langue *italien* est *facile.* O fille *ingrat* et *cruel !* Sa figure est *plat* et *idiot.* La guigne est *doux,* et la cerise *suret.* Elle est *sorti* par une porte *secret*. *Nul* paix pour l'impie. Une personne *discret* est *retenu* dans ses *parole* et dans ses *action*. La femme *indiscret* est *sujet* à faillir. A *sot* demande, *nul* réponse. Une douleur *intérieur* n'en est que plus *vif*. L'instruction *religieux* est *essentiel*.

7ᵉ **EXERCICE** (n⁰ˢ 232 à 236, 106 à 110*). — *Quest.*, 435 à 450.

Même observation que ci-dessus.

14. — La religion *mahométan* n'est pas très-*ancien*. La langue *persan* est *plein* d'image. La vaisselle *plat* est *coûteux*. Cette broderie est *mat*. Sa figure est *vieillot* et *maigrelet*. La langue *lapon* est singulièrement *composé* dans la plupart de ses *mot*. Sa maladie la rend *soucieux* et *inquiet*. Vingt *cheval* est une quantité *concret*. Sa sœur *cadet* n'est pas *bel*. Les *dieu* de l'*ancien* Grèce étaient *nombreux*. Les *bail* sont une assurance *mutuel*. Aux *travail* de la guerre succède quelquefois une *mol* oisiveté. Dans cette *bel* prairie paissent de *nombreux bétail*. Ces *bijou* n'ont qu'une valeur *accidentel*.

8ᵉ **EXERCICE** (n⁰ˢ 236 à 241, 110 à 114*). — *Question.*, 450 à 473.

On fera corriger cet exercice, justifier l'orthographe des adjectifs en italique, et observer celle des autres mots dont l'élève fera aussi la classification.

15. — J'ai la *meilleure* part. Sa voix est *enchanteresse* Madame de Staël est *auteur* d'*excellent ouvrage*. La femme *joueuse* ruine sa maison. O Religion, seul *consola-trice* de tous mes mal ! Je ne serai jamais la *délatrice* de personne. Cérès est l'*inventrice* du labourage. Madame Catalani est la *cantatrice* la plus renommé de l'Europe. Ma vie tout *entière* vous est voué. Je vous en fais la défense *expresse*. Si cette somme vous est *due* elle vous sera payé. Votre réponse est *ambiguë*. Que sa voix est *fraîche*! Quel *maligne* petit fille ! La langue *grecque* est *douce*. La lune *rousse* n'est pas bon. Il a une *fausse* fluxion de poitrine et une fièvre *tierce*. La lecture est mon occupation *favorite*. Madame de Genlis est un *écrivain* distingué. Cette demoiselle a une bel chevelure *châtain*.

9ᶜ ᴇxᴇʀᴄɪᴄᴇ (nᵒˢ 236 à 241, 110 à 114 *) — *Questionn.*, 450 à 473.

On fera corriger cet exercice ; puis on en fera une dictée.

16. — L'étude sera *mon seul consolateur*. Cette femme est *joueur* et *dissipateur*. Je ne serai point, dit-elle, *spectateur muet* d'une *tel* scène. Cette dame est *auteur* de plusieurs ouvrage, et *professeur* de langue *italien*. Cette dame *pieux* est *fondateur* de plusieurs établissement. L'eau trop *frais* est *dangereux*. Madame, soyez *témoin* de ma déclaration *franc* et *loyal*. Maison *caduc* n'est *bon* qu'à abattre. La langue *grec* est aujourd'hui plus *étudié* dans les collège. Ma sœur *aîné* est *majeur*. Espère une *meilleur* fortune. Que l'impie craigne la foudre *vengeur*! La voix *enchanteur* des sirène était bien *trompeur*. La modestie d'une femme *auteur* doit être *égal* à son talent.

10ᵉ EXERCICE (nᵒˢ 236 à 241, 110 à 114*). — *Quest.*, 450 à 473.

Même observation que précédemment.

17. — Si une mère est *fier* de la beauté de sa fille, elle doit être encore plus *orgueilleux* de ses vertu. Je n'ai *nul* envie de vendre ces joyau sans votre permission *exprès.* La voix de ces animal est *aigu.* Cet auteur a fait d'immenses *travail* sur la langue *grec,* qu'il assure être *dérivé* de la langue *hébreu.* J'ai perdu de *bon* heure mes aïeul. Cette jeune fille si *frais* et si *bel,* doit craindre la *long* fréquentation des bal. *Possesseur* d'une fortune *colossal,* que d'heureux, Madame, vous devez faire! La religion *dominant* devient bientôt *dominateur.* Madame, êtes-vous *amateur* de beaux émail? Dioclétien cultivant ses chou et ses fleur, préférait cette vie *doux* et *tranquille* à la vie *tumultueux* de la cour.

11ᵉ EXERCICE (nᵒˢ 241 à 245, 114*). — *Questionn.*, 473 à 481.

On fera justifier l'orthographe des adjectifs, sous le rapport du genre et du nombre, et corriger celle des substantifs.

18. — Les enfant sont *légers* et *inconstants.* Des villes autrefois *contiguës* à la mer, en sont aujourd'hui très-éloignées. De *quelles grandes* et *puissantes* consolation sont *privés* ceux qui manquent de religion! Les questionneur les plus *impitoyables* sont les personne *vaines* et *désœuvrées.* Les œil *noirs* sont plus *beaux* que les œil *bleus;* mais ceux-ci sont plus *doux.* Les livre *hébreux* ont été *traduits* en langue *grecque.* Je n'aime pas les jeu *brutaux.* Fuyez, instant *fatals* à nos plaisirs.

12ᵉ EXERCICE (nᵒˢ 241 à 245, 114*.) — *Questionn.*, 473 à 481.

19. — On fera mettre au pluriel celles des phrases des exercices précédents (1 à 11), qui sont susceptibles d'être pluralisées en tout ou en partie. Il sera bon d'aider l'élève à reconnaître préalablement celles qu'il devra mettre au pluriel.

DEUXIÈME DEGRÉ.

1ᵉʳ EXERCICE (nᵒˢ 229 à 245, 104 à 115*).— *Questionn.*, 430 à 481.

20. — Craignez les fatal ciseau de la Parque. Les charretier sont généralement brutal et violent à l'égard de leurs cheval. Les enfant voudraient toujours avoir de nouveau joujou. Lâche et craintif, les loup deviennent hardi et féroce par nécessité. Les vent du nord sont glacial. Messieurs, nous ne sommes pas aujourd'hui aussi matinal que vous. La mer a été témoin de tant de combat naval! On n'entend guère dans ces lieu que des discours trivial. Il y a dans beaucoup de village des four banal. Ce n'est pas dans la solitude qu'on puise des sentiment social. Les mœurs de ces bon paysan sont simple, leurs habit grossier, leurs repas frugal. L'odeur fort et

désagréable du serpent à sonnette semble lui avoir été donné par la nature, ainsi que les sonnette, afin que les homme, averti de son approche puissent l'éviter. Cette espèce de sonnette placé à l'extrémité de sa queue est un assemblage d'anneau creux, sonore, emboîté l'un dans l'autre, et attaché à un muscle de la dernier vertèbre.

2ᵉ EXERCICE. — (*Idem*).

21. — Pour nous rendre agréable à Dieu, nous devons être d'autant plus humble que nous sommes plus grand.

Les Grec déclaraient infâme ceux qui s'étaient ruinés par leurs fol dépense, et les prodigue étaient privé d'être inhumé dans la tombe de leurs père.

La docilité n'est pas la seul qualité social dont soient doué les animal domestique : ils nous sont naturellement attaché et semblent chercher eux-mêmes toutes les occasion de nous être utile.

On voit la reine d'une ruche presque toujours environné d'un cercle d'abeille, uniquement occupé à lui être utile.

Tâchons de devenir plus respectable, à mesure que nous devenons moins aimable.

Bien des chose ne sont impossible que parce qu'on s'est accoutumé à les regarder comme tel ; une opinion contraire et du courage rendraient souvent facile les chose que le préjugé et la lâcheté font regarder comme impraticable.

3ᵉ EXERCICE. — (*Idem*).

22. — La religion a détruit des superstition impur et cruel, a rendu les homme plus éclairé et meilleur, et a formé de toutes part des père plus vertueux, des enfant plus soumis, des époux plus fidèle, des maître plus juste et des magistrat plus intègre.

De nos jour la religion a été, plus que dans tout autre temps, attaqué, outragé, foulé indignement aux pied; les chose sainte sont tombé dans l'avilissement; la piété de nos père est devenu un objet de dérision pour leur postérité; l'impiété est descendu jusqu'au peuple, et les campagne en sont infecté comme les cité. Ceux qui, étant privé d'instruction, devraient être les plus docile, se montrent quelquefois les plus opiniâtre dans leur révolte grossier contre le ciel.

L'amitié rend les prospérité plus complet, et les malheur plus supportable. Honte et malheur aux enfant ingrat, pour qui l'amour filial aurait besoin de précepte écrit et de théorie raisonné!

4ᵉ EXERCICE. — (*Idem*).

23. — Dans une bel nuit, on observe de petit blancheur irrégulier appelé nébuleux; ce sont des amas d'étoile très-éloigné et conséquemment presque imperceptible et peu brillant. La voix lacté est elle-même reconnu comme une trace nébuleux, beaucoup plus rapproché de nous, quoique la distance en soit incalculable.

Sans le chameau, les vaste désert de l'Asie et de l'A-
frique seraient impraticable; ces espèce d'île, séparé
des pays habité par des sable brûlant et stérile, n'au-
raient jamais été connu.

Les peuple peuvent bien être opposé de mœurs et de
langage, séparé par des mer immense, divisé par des
rivalité sanglante; mais il est un point sur lequel ils se
réunissent tous : la croyance d'un Dieu.

Que de merveille sont encore caché pour nous, caché
même pour les siècle futur! mais celles qui nous sont dé-
voilé annoncent assez les perfection infini du Créateur.

Les grande vérité morale et religieux remplissent l'ame
des sentiment les plus généreux, offrent au malheur de
solide consolation, et ne tendent ainsi à nous rendre
meilleur que pour nous rendre plus heureux.

5e EXERCICE. — (Idem).

24. — Les Auvergnat, comme tous les peuple montagnard, sont en général de bonne gent, honnête, sobre
et hospitalier. Ils sont pauvre, mais ils ont peu de besoin. L'air vif et pur des montagne, et l'habitude de
gravir des lieu escarpé, développent leurs force et rendent leurs corps sain et robuste. Leurs goût sont simple
et leur mœurs doux, quoique leurs manière, en harmo-
nie avec la contrée qu'ils habitent, soient en quelque
sorte rude et sauvage. Il n'est pas d'homme qui soient
plus attaché que ces montagnard à leur pays natal. Ils
aiment leurs rocher, leurs forêt, les reste imposant de
leurs volcan éteint, et l'aspect gracieux de leurs riant et

7

fertile vallon. Ils aiment leurs vache paisible et leurs chèvre alerte, dont le lait est employé par eux à faire d'excellent fromage qu'ils offrent de bon amitié aux étranger attiré par la curiosité dans leurs bel contrée.

6ᵉ EXERCICE. — (*Idem*).

25. — Qu'elle est bel, cette nature cultivé ! Que par les soin de l'homme elle est brillant et pompeusement paré ! Il en fait lui-même le principal ornement, il en est la production la plus noble ; en se multipliant, il en multiplie le germe le plus précieux ; elle-même aussi semble se multiplier avec lui ; il met au jour par son art tout ce qu'elle recélait dans son sein. Que de trésor ignoré, que de richesse nouvel ! Les fleur, les fruit, les grain perfectionné, multiplié à l'infini ; les espèce utile d'animal transporté, propagé, augmenté sans nombre ; les espèce nuisible réduit, confiné, relégué ; l'or, et le fer plus nécessaire que l'or, tiré des entraille de la terre ; les torrent contenu, les fleuve dirigé, resserré ; la mer même soumis, reconnu, traversé d'un hémisphère à l'autre ; la terre accessible partout, partout rendu aussi vivant que fécond ; dans les vallée, de riant prairie, dans les plaine, de riche pâturage ou des moisson encore plus riche ; les colline chargé de vigne et de fruit, leurs sommet couronné d'arbre utile et de jeune forêt ; les désert devenu des cité habité par un peuple immense, qui circulant sans cesse, se répand de ses centre jusqu'aux extrémité ; des route ouvert et fréquenté, des communication établi partout, comme autant de témoin de la force et de l'union de la société ; mille autre monument de puissance et de gloire démontrent assez que l'homme, maître du domaine de la terre, en a changé, renouvelé la surface entier, et que de tout temps il partage l'empire avec la nature. (BUFFON.)

SECTION II.

DE L'ADJECTIF DÉTERMINATIF.

1er EXERCICE. — (nos 245 à 252 ; 49, 50*). — *Questionn.*, 481 à 491.

On fera classer les mots et rendre compte des adjectifs déterminatifs.

26.—Voyez *cet* oiseau perché sur *l'*extrémité de *cette* branche. *Cet* homme demeure dans *ce* hameau, où *ses* jours s'écoulent dans la paix, loin de *ces* faux plaisirs du monde. Chacun a *son* esprit, *son* humeur, *ses* travers. *Ces* oiseaux expriment *leur* joie par *leurs* chants. *Ce* maître est chéri de *tous ses* élèves.

2e EXERCICE. — *(Idem).*

Tout ¹ vain plaisir du monde ne sont point recherché par le sage. L'araignée vit de ¹ filet, comme le chasseur de ³ chasse. Les éléphant écrasent et détruisent dix fois plus de plante avec ² pied qu'ils n'en consomment pour ¹ nourriture. L'homme pieux n'emprunte pas [1] avantage de [1] faux bien du monde : [1] vrai ornement sont en lui-même. Dans [3] inépuisable bonté, Dieu donne tout [1] soin [4] créature de [5] univers ; [3] amour s'étend sur tout les être qui sont sorti de [1] main. Les poisson ne le cèdent point [4] animal terrestre par la diversité de [2] forme et de [2] grandeur, et Dieu n'est pas moins admirable dans [1] créature que dans [1] plus bel œuvre.

[1] *Ces* ou *Ses*. — [2] *Leur* ou *leurs*. — [3] *Son* ou *sa*. — [4] *Au, aux*.— [5] *Ce, cet, cette*.

CHAP. IV. — DU PRONOM.

1er EXERCICE. — (n°s 252 à 258, 115 à 120[4]). — *Questionnaire*, 491 à 498.

On fera classer les mots et rendre compte de l'orthographe des pronoms.

27. —*Ceux* à qui l'on reproche des fautes dont *ils* ne sont pas coupables, n'en doivent pas être plus affectés que si on *leur* disait qu'*ils* sont malades quand *ils se* portent bien. Combien toutes les machines animales sont-*elles* supérieures à *celles* de l'art ! Il y a des espèces de plantes telles que le gui, *auxquelles* on donne le nom de parasites, parce qu'*elles* tirent leur nourriture d'autres plantes sur *lesquelles elles* s'attachent. Les enfants *auxquels* on donne le plus de soins, sont souvent *ceux* sur la reconnaissance *desquels* on doit le moins compter. Un tiens vaut, *ce* dit-on, mieux que deux tu l'auras. C'est une vérité qui *se* montre à tous les yeux. *Ce* qui plaît à *celui-ci* déplaît souvent à *celui-là.* Une douce existence est le seul but *où* je tends.

2ᵉ EXERCICE. (*Idem*).

La rose et l'œillet sont les fleur ¹ je donne la préférence. Vous avez quelquefois des désir ¹ on ne peut acquiescer, parce qu'il sont peu raisonnable. Quand des enfant ont commis des faute, ³ il sont repentant, pardonnez-les ⁴, mais n'excusez jamais celle qui sont volontaire, et que n'accompagne aucun repentir. Quand des enfant demandent des chose déraisonnable, on les ⁴ refuse : ⁵ serait ⁴ nuire que d'accéder à tout ⁴ désir. ⁵ eût été bien malheureux que ⁵ père de famille ⁵ fût noyé. La rose ⁵ épanouit ² croissait le chardon. La rose ⁵ épanouit ² meurt dans son bouton.

¹ *Auxquels* ou *auxquelles.* — ² *Où* ou *ou.* — ³ *Desquels* ou *desquelles.* — ⁴ *Leur* ou *leurs.* — ⁵ *Ce* ou *se.*

28. — Les pied de derrière des chenille ² sont donné pour ¹ tenir ferme. Il y a des tortue sur l'écaille ³ quatorze homme peuvent monter. Il y a des chose ⁴ il faut ¹ faire sous peine de trouver la vie insupportable : ¹ sont les injure du temps et les injustice des homme. Dans ¹ univers, chacun des être qui le composent a sa nature propre, ⁵ attribut qui le constituent, par ⁶ il existe, et sans ⁶ il est impossible de le concevoir. Des expérience sur ⁶ on ¹ était reposé avec trop de confiance ont été

trouvé fautif; [1] est [1] qui doit nous rendre circonspect. Par la science l'homme ose franchir les borne étroit dans [6] la nature semble l'avoir renfermé.

[1] *Ce, cet* ou *se*. — [2] *Leur* ou *leurs*. — [3] *Desquels* ou *desquelles*. — [4] *Auxquels* ou *auxquelles*. — [5] *Ces* ou *ses*. — [6] *Lesquels* ou *lesquelles*.

3e EXERCICE. (*Idem*).

29.—Il faut accoutumer doucement les enfant à être privé des chose pour [1] il ont témoigné trop d'ardeur, afin qu'il n'espèrent jamais d'obtenir [2] qui a excité [3] désir. Il faut que tout les parole qu'on dit aux enfant servent à [3] faire aimer la vérité et à [3] inspirer le mépris de tout dissimulation. [4] animal [5] on donne le moins de soin, sont ceux [6] on retire le plus de profit. [4] leçon de la sagesse, [5] tant d'autre doivent [3] bonheur, ne produiront-elle rien sur vous? Ne [3] prêterez-vous pas une oreille attentif? Le renard, si fameux par [4] ruse, [2] laisse quelquefois prendre au piège qu'on lui tend. [4] enfant qui font tout [2] qu'il [3] plaît, seront un jour exposé à des contrariété [5] il ne s'attendent guère. J'irai à Paris [7] je resterai ici. J'irai à Paris [7] je resterai quelque jour. [4] livre, [5] je consacre tout mes loisir, et sans [1] je ne pourrais vivre, sont mes meilleur ami : il me consolent dans mes peine, il me donnent d'excellent conseil, et je [3] dois [2] bonheur [7] j'aspirais depuis si long-temps.

[1] *Lesquels* ou *lesquelles*. — [2] *Ce* ou *se*. — [3] *Leur* ou *leurs*. — [4] *Ces* ou *ses*. — [5] *Auxquels* ou *auxquelles*. — [6] *Desquels* ou *desquelles*. — [7] *Où* ou *eu*.

Récapitulation.

50.— Les métal sont rarement pur dans les mine. Il ₁ trouvent mêlé et uni avec différente espèce de sable, de pierre, de soufre [2] d'autre substance. Il [1] en rencontre presque à fleur de terre, et d'autre sont à une très-grand profondeur. Dans [1] dernier cas, on creuse un puits perpendiculairement, jusqu'à ce qu'on ait rencontré quelque bon veine. On la suit; et, lorsqu'elle finit, on recommence à creuser plus bas dans la même ligne. Il est peu d'art [2] le défaut de connaissance soit aussi préjudiciable que dans celui des mine. Chaque pays a [3] usage pour la séparation des métal. Au Pérou [2] [1] trouvent les mine les plus riche et les plus abondant, on emploie une espèce de moulin, [2] l'on écrase la pierre tiré de la mine, et qui se nomme minerai. Pour l'or, qu'on distingue à peine à l'œil, lorsque les pierre sont un peu écrasé, on y jette une certain quantité de vif-argent [2] mercure, qui [1] attache seulement à l'or que la meule a séparé. L'or incorporé avec le mercure tombe au fond [2] il demeure retenu par sa pesanteur. On moud par jour vingt-cinq quintal de minerai; on fait ensuite chauffer cette pâte d'or et de mercure, pour faire évaporer le mercure. Suivant la qualité des mine et la richesse des veine, cinquante quintal de minerai donnent quatre, cinq [2] six once d'or. Quand il n'en donnent que deux, le mineur ne retire que [3] frais, [1] qui arrive souvent; mais il est bien dédommagé lorsqu'il rencontre de bon veine.

---

[1] *Ce* ou *se.* — [2] *Où* ou *ou.* — [3] *Ses* ou *ces.*

CHAP. IV. — DU VERBE.

OBSERVATIONS.

1° Les élèves doivent connaître le premier temps, de manière à le distinguer de tous les autres (selon la conjugaison des verbes, jusqu'à la page 83.)

2° Ils doivent savoir énoncer l'infinitif d'un verbe donné, et déterminer s'il est de la première conjugaison ou s'il n'en est pas.

3° D'après la finale de cet infinitif, ils doivent savoir déterminer celle du verbe aux trois personnes du singulier du présent de l'affirmatif.

Première personne du singulier.

1er EXERCICE (261, 121 *). — *Questionn.*, 501 à 508.

L'élève fera la classification des mots, et rendra compte des diverses finales des verbes.

34. — Je joue, je cours, j'entoure, je bous, je crie, j'écris, je plais, je demeure, je meurs, je me tais, je veux, je ris, je me marie, je ne peux pas, je souffre, je vois, j'envoie, je te vaux bien, je ne m'en prévaux pas, je les accueille, je les ouvre, je les chéris, je leur parle, je lie mes cordons, je lis vos lettres, je dors profondément, je dore sur métaux.

2ᵉ EXERCICE (*Idem*).

On fera mettre les verbes suivants à la première personne du singulier du présent de l'affirmatif. (Les élèves étrangers ne pourront le faire sans consulter la table des verbes irréguliers.)

Vouloir, courir, bourrer, choisir, aventurer, dormir, avouer, venir, serrer, servir, parier, valoir, boire, rire, envier, voir, savoir, dorer, prier, se prévaloir, châtier, obéir, apprécier, unir, nier, offrir, découvrir, recueillir, salir, saler, demeurer, fuir.

3ᵉ EXERCICE (*Idem*).

On fera corriger l'exercice suivant (chaque verbe doit être au présent de l'affirmatif), classer les mots, rendre compte des finales, et l'on en fera ensuite une dictée.

52. — Je l'*admirer*, je les *voir*, je leur *dire* la vérité, je l'*adorer*, je *dormir* paisiblement, je le *suivre*, je m'é*garer*, je m'*étourdir*, je m'*estropier*, je me *rassasier*, je me *récréer*, je les *agréer*, je *confire* des fruits, je vous *confier* mon secret, je *venir* là voir, je m'en *souvenir*, je les *prier* de venir, je m'*entourer* de mes amis, je les *défier* de venir, je *bouillir* d'impatience. Je leur *jurer* de les suivre, je *lire* avec attention, je me *lier* avec lui, je me *sacrifier* pour eux, je *courir* avec elle, je les *offrir*, je l'*accueillir*, je ne le *pouvoir*, je ne le *vouloir* pas.

4e EXERCICE (*Idem*).

L'élève corrigera cet exercice, en fera la classification, et l'écrira enfin sous la dictée.

33.—Je le *vouloir* bien, mais je ne le *pouvoir* pas. Je *pleurer*, je *crier*, parce que je *souffrir* beaucoup. Je me *servir* de mes joujous, et je les *serrer*. Je *rire* et je *pleurer* souvent. Je *lire* ma leçon et je l'*étudier*. Quand je *faire* des fautes, je les *avouer*. Si je *boire* du café, je *dormir* peu. Je *prier* Dieu et le *bénir*. Je ne *faire* pas toujours ce que je *vouloir*. Je *suer* dès que je *courir*. Je *jouer*, je *lire* et j'*écrire* tour à tour. J'*étudier* dans mes livres, et ne les *déchirer* pas. Je *serrer* ces enfants dans mes bras; je leur *servir* de père. Je *mourir* d'ennui, quand je ne *jouer* ni n'*étudier*.

5e EXERCICE (262 à 265, 122*).—*Questionn.*, 508 à 513.

On fera rendre compte des finales des verbes.

34.—Je répon**ds**, je peins, j'interrom**ps**, je sen**s**, je comba**ts**, je reconnai**s**, je le plain**s**, je les enten**ds**, je me join**s** à vous, je ne men**s** pas, je par**s** bientôt, je sor**s** aujourd'hui, je t'absou**s**, je le per**ds**, je me repen**s**, je fon**ds**, je parai**s**, je me résou**s**, je conclu**s**, je m'assie**ds**, je le vainc**s**, je les me**ts**, je le corrom**ps**, je les enfrein**s**, je les dissou**s**.

6_e EXERCICE (*Idem*).

On fera mettre les verbes suivants à la première personne du singulier du présent de l'affirmatif.

Vendre, attendre, résoudre, dissoudre, interrompre, prétendre, pressentir, sortir, descendre, reconnaître, disparaître, mettre, commettre, méconnaître, partir, entendre, se repentir, craindre, s'asseoir, conclure, ne pas mentir, ne pas se résoudre, plaire, rejoindre, corrompre.

7_e EXERCICE (*Idem*).

On fera corriger cet exercice, faire la classification des mots, rendre compte des finales, et l'on en fera ensuite une dictée.

Je *sortir* aussitôt, je *partir* bientôt, je les *connaître* beaucoup, je ne *mentir* jamais, je l'*interrompre* souvent, je *peindre* quelquefois, je ne *craindre* nullement, je le *faire* sciemment, je les *mettre* ensemble, je les *attendre* long-temps, je m'*asseoir* ensuite, je les *convaincre* soudain, je me *repentir* alors, je la *plaindre* vraiment, je le *rejoindre* incessamment, je ne me *résoudre* que difficilement, je me *joindre* volontiers à eux, je ne t'*attendre* pas plus tôt, je te le *promettre* maintenant.

8e EXERCICE (261 à 265; 121, 122*). — *Quest.*, 501 à 513.

On fera corriger cet exercice, faire la classification, et l'on en fera ensuite une dictée.

35. — J'*étudier* ce que j'*écrire*, et je l'*apprendre* ensuite par cœur. J'*aller* où je *vouloir*. Je *faire* d'ordinaire ce que je *vouloir*. Si je *valoir* mieux que lui, je ne m'en *prévaloir* pas. Quand je l'interrompre, je *sentir* que j'*avoir* tort. Je *rougir* aussitôt que je *mentir*; je *vaincre* cependant ma timidité, et ne *craindre* pas de parler. Je *prendre* bientôt mon parti, je me *résoudre*; je *peindre*, je *colorier* mieux que je ne *dessiner*. Je *partir* et *revenir* aussitôt. Je me *parer* le dimanche, et je *sortir* ordinairement. Je m'*asseoir* et me *mettre* à mon aise. Je *connaître* cette personne, et la *voir* souvent. Je ne *comprendre* rien à ce que j'*étudier*. Je ne me *lier* jamais avec les menteurs, parce que je m'en *défier*. Je *soupirer*, *étendre* les bras et m'*endormir*. Je m'*abstenir* prudemment des obligations dont je *craindre* les suites. Je *vendre* les tableaux que je *peindre*.

9ᵉ EXERCICE (265 à 270, 123 à 127*).—*Questionn.*, 513 à 523.

On fera rendre compte des finales et des temps des verbes.

36. — Je joue*rai*, hier je joua*i*, je me promen*ai*, demain j'i*rai* vous voir, il faut que je meu*re*, il faudrait que je parti*sse*, il ne faut pas je *rie*, on voudrait que je vin*sse*. Hiers je le *vis* et lui parl*ai*. Je fe*rais* tout ce que je voud*rais*. Quand j'étais à la campagne, je me promen*ais* souvent. Je me *vêts* chaudement, je *mets* deux vêtements. J'essa*ie* ce que je veu*x* faire.

1. Présent de l'affirmatif.	6. Impératif.
2. Passé simultané ou imparfait.	7. Présent du subjonctif.
3. Passé défini.	8. Imparfait.
4. Futur.	9. Participe présent.
5. Conditionnel.	10. Participe passé.

Pour faciliter les exercices sur les verbes, nous indiquerons par des chiffres les temps et les personnes. (Voyez page 69, 35*).

Chaque temps, à l'exception de l'*Impératif,* ayant six formes, ces formes seront indiquées par les chiffres 1, 2, 3, 4, 5, 6, placés après celui du temps; ainsi, pour le verbe *écrire,* par exemple, 11 indique j'écris; 14, nous écriv*ons;* 22, tu écriv*ais;* 33, il écriv*it;* 45, vous écri*rez;* 56, ils écri*raient;* 62, écr*is;* 71, que j'écri*ve;* 82, que tu écriv*isses.*

Parler. 14, 22, 33, 41, 54, 65, 72, 86, 9, 10.
Choisir. 16, 25, 36, 44, 51, 62, 74, 83, 10, 9.
Rompre. 46, 16, 83, 34, 9, 52, 25, 86, 71, 10.

Nous ne ferons usage du dernier chiffre à droite que quand le nombre et la personne ne seront pas indiqués par le sujet du verbe.

10ᵉ EXERCICE (265 à 270, 123 à 127). — *Questionn.,* 513 à 523.

Dès que je le *voir* 3, je l'*appeler* 3. Je lui *dire* 4 de venir. Hier je lui *parler* 3. Je *rire* 2 et je *pleurer* 2. Je vous *écrire* 4. Je *perdre* 5 beaucoup. Je *tenir* 3 ma parole. Je *sentir* 2 des maux que je n'*oser* 2 avouer. Je *faire* 1 tout ce que je *pouvoir* 1. Je *savoir* 1 ce que je *valoir* 1. On ne veut pas que je *courir* 7. Je *revenir* 4 bientôt. Je *venir* 3

1. Présent de l'affirmatif.
2. Passé simultané ou imparfait.
3. Passé défini.
4. Futur.
5. Conditionnel.

6. Impératif.
7. Présent du subjonctif.
8. Imparfait.
9. Participe présent.
10. Participe passé.

vous voir. Il ne faut pas que je *rire* 7. Je *choisir* 4 ce que je *vouloir* 4. Je vous *promettre* 1 de me bien conduire. Je *vouloir* 5 que tu m'*avertir* 8. Il faudrait que je *travailler* 8 mieux. Il désire que je *mourir* 7. Je me *trouver* 5 heureux, si j'*être* 2 auprès d'elle.

11e EXERCICE (261 à 270, 121 à 127*). — *Questionn.*, 501 à 523.

On fera la dictée suivante.

37.—Je rends ce que je prends. Il faut que je le voie. Je le vois souvent. Je courus trop fort, je tombai et me fis du mal. Je ne feins jamais ce que je ne sens pas. Si j'apportais plus d'attention à ce que je fais, je commettrais moins de fautes. On a peur que je ne coure trop, et que je ne sois malade. Je chéris ma mère et je la rends heureuse. Je crains le méchant, et je le fuis. Je leur dirai la vérité, je ne leur cacherai rien. Je ne vois que ce qu'il faut que je voie. Quand je m'assieds sur l'herbe, j'y demeure long-temps. Je me résous à obéir. Je ne peux faire tout ce que je veux.

12e EXERCICE (224 à 229, 241 à 245; 100 à 104, 114*). — *Questionn.*, 411 à 430, 473 à 481.

Cet exercice renferme, outre l'orthographe des verbes, une récapitulation sur le pluriel des substantifs et des adjectifs.

38. —Quand je *voir* 1 des oiseau, je les *attirer* 1 et je

1. Présent de l'affirmatif.	6. Impératif.
2. Passé simultané ou imparfait.	7. Présent du subjonctif.
3. Passé défini.	8. Imparfait.
4. Futur.	9. Participe présent.
5. Conditionnel.	10. Participe passé.

les *prendre* 1. Je *faire* 2 des vœu pour leurs succès. Je *vendre* 1 des joyau, ou j'en *louer* 1. Je *craindre* 1 les cheval fougueux, et je les *éviter* 1. Je *lire* 1 les journal ou plutôt je les *parcourir* 1. Je *pressentir* 1 bien des mal. Je m'*égarer* 3 et je *courir* 3 par mont et par val? Mes genou *fléchir* 1 quand je *porter* 1 de lourd fardeau. Je me *nourrir* 2 de chou, et je ne m'en *plaindre* 2 pas. Quand j'*apercevoir* 1 des hibou, je les *poursuivre* 1 jusque dans leur trou. Je *mettre* 1 mes bijou quand je *sortir* 1. Quand je *voir* 4 des moineau, je les *prendre* 4 avec mes gluau. Je *fermer* 3 la porte au deux verrou. Je *terminer* 5 mon travail. Je *cultiver* 2 des ail. Je *vendre* 4 mes deux château, quand j'*avoir* 4 résilié mes bail. J'*imiter* 4 mes aïeul. J'*hériter* 3 de mes aïeul. Je *peindre* 1 des ciel. Je *lever* 1 les œil vers les ciel. J'*acheter* 3 de beau cristal et des émail précieux.

Deuxième personne du singulier.

13e EXERCICE (270 à 276, 127*). — *Questionn.*, 523 à 534.

On fera rendre compte des finales des verbes.

59. — Tu t'abaiss*es*. Tu t'enhardi*s*. Tu les envi*es*. Tu en souhait*es*. Tu descen*ds*. Tu nous atten*ds*. Tu les atteins. Il ne faut pas que tu ri*es*; tu ri*s* trop souvent. Tu l'adouci*s*. Tu m'attendriss*ais*. Tu t'enrichi*ras*. Je voudrais

que tu vinss*es*. Tu entrepren*ds* plus que tu ne peu*x*. Tu
di*s* ce que tu veu*x*. Tu pein*s* bien. Vien*s* me voir. Écri*s*.
Je désire que tu ai*es* raison. V*a* dans le jardin, cueill*es*-y
des fleurs et port*es*-en à ta mère. Étudi*e* tes leçons, et
récit*e*-les. Di*s* la vérité. Étein*s* le feu. Répon*ds*-moi. Ai*e*
de la patience, et tu réussiras. Ouvre ta bourse au
pauvre, accueill*e*-le avec bonté, secour*s*-le, consol*e*-le.

14ᵉ EXERCICE. (*Idem*).

40. — On fera mettre les verbes du deuxième exercice (p. 153.)
à la seconde personne du singulier :

1° du présent de l'affirmatif ;
2° du passé simultané ;
3° du passé défini ;
4° du futur simple ;
5° du futur simple de l'impératif ;
6° du présent du subjonctif.

15ᵉ EXERCICE. (*Idem*).

41. — On fera mettre à la deuxième personne du singulier du présent de l'affirmatif les verbes du troisième exercice (p. 153).

(Les mots en relation avec la première personne seront remplacés
par ceux qui correspondent à la seconde. Cette observation s'applique
aux exercices suivants).

16ᵉ EXERCICE. (*Idem*).

42. — On fera mettre à la deuxième personne du singulier du présent de l'affirmatif les verbes du quatrième exercice (p. 154).

17e EXERCICE. (*Idem*).

43. — On fera mettre à la deuxième personne du singulier du présent de l'affirmatif les verbes du sixième et du septième exercice (p. 155).

18e EXERCICE. (*Idem*).

44. — On dictera le huitième exercice, en mettant les verbes à la deuxième personne du singulier (pag. 155.)

19e EXERCICE. (*Idem*).

45. — On fera mettre à la deuxième personne du singulier les verbes du neuvième exercice (p. 156).

20e EXERCICE. (*Idem*).

46. — On dictera le dixième exercice, en mettant les verbes à la deuxième personne du singulier (p. 157).

21e EXERCICE. (*Idem*.)

47. — On fera mettre à la deuxième personne du singulier les verbes du douzième exercice (p. 158).

22e EXERCICE. (*Idem*).

48. — On fera mettre à la deuxième personne du singulier de l'impératif les verbes de cet exercice.

Aller à la campagne, et s'y *amuser*. *Apprendre* sa leçon, la *copier* et la *réciter*. Se *coucher* sur l'herbe, et s'*endormir*. *Secourir* un malheureux ou le *consoler*. Se

7*

1. Présent de l'affirmatif.
2. Passé simultané ou imparfait.
3. Passé défini.
4. Futur.
5. Conditionnel.

6. Impératif.
7. Présent du subjonctif.
8. Imparfait.
9. Participe présent.
10. Participe passé.

lier avec les bons, et *fuir* les méchants. *Copier* une page, et en *étudier* la moitié. *Éteindre* la chandelle, et la *rallumer. Ouvrir* cette lettre, et la *lire. Lier* ces paquets, et les faire *porter* à leur destination. *Entreprendre* cette affaire, et y *donner* ses soins. *Adorer* Dieu, le *bénir* et lui *rendre* graces.

1re et 2e personne du singulier.

23e EXERCICE. — (*Récapitulation*).

49. — Je te *louer* 1 quand tu *faire* 1 bien. *Écouter* 6 ce que je te *dire* 1. *Choisir* 6 ce que tu *vouloir* 1. Tu *faire* 4 ce que je te *dire* 4. Je *vouloir* 5 que tu *étudier* 8 mieux. Tu *douter* 2 que je *courir* 8 mieux que toi. Je *souhaiter* 1 que tu le *croire* 7. *Étudier* 6 les leçon que je te *donner* 3 hier. Si tu *mentir* 1, je te *punir* 4. *Aller* 6 dans le jardin, y *cueillir* 6 des fleur, et m'en *apporter* 6. *Avoir* 6 confiance en Dieu, *implorer* 6 son secours, et tu *réussir* 4. *Dire* 6 moi qui tu *hanter* 1, et je te *dire* 4 qui tu *être* 1. *Venir* 6, je t'en *prier* 1.

Formation du féminin dans les adjectifs.

24e EXERCICE. *Récapitulation.* (230 à 241, 261 à 276; 104 à 114, 121 à 128*) — *Questionn.*, 432 à 473, 501 à 534.

50. — Je *voir* 3 une joli fleur et je la *cueillir* 3. *Être* 6

1. Présent de l'affirmatif.
2. Passé simultané ou imparfait.
3. Passé défini.
4. Futur.
5. Conditionnel.

6. Impératif.
7. Présent du subjonctif.
8. Imparfait.
9. Participe présent.
10. Participe passé.

poli, ma fille, et tu *obtenir* 4 ce que tu *désirer* 1. Je te *récompenser* 4 de ta bon conduite. Je ne *revoir* 4 jamais une chose pareil. Je *sentir* 1 une douleur cruel. Je *perdre* 1 une mauvais habitude. Il faut, ma cher enfant, que tu *être* 7 discret. Je te *donner* 4 une robe violet. Tu *rire* 1 toujours, tu *être* 1 d'une humeur trop bouffon. N'*être* 6 pas inquiet, ma mère, je *rentrer* 4 de bon heure. Quand tu me *faire* 4 une sot question, je n'y *répondre* 4 pas. Tu ne *réussir* 5 pas dans cette sol entreprise. J'*étudier* 1 la langue espagnol et la langue italien. Tu n'*avoir* 1 nul envie de bien faire. Je *désirer* 1, que tu te *trouver* 7 plus heureux. Ma fille, quand tu *être* 4 possesseur d'une grand fortune, *être* 6 généreux, bienfesant, et tu *être* 4 chéri. Je n'*être* 4 jamais le délateur de personne, dit à ses juge l'infortuné Marie-Antoinette. Doux religion, tu *être* 4 ma seul consolateur. Tu *ressentir* 4 une douleur aigu.

Troisième personne du singulier.

25ᵉ EXERCICE (276 277, 128*). — *Questionnaire*, 534 à 541.

On fera faire la classification des mots, et rendre compte des finales des verbes.

54. — Il joue. Elle rit. On court. On les entoure. L'enfant crie. Chacun répond. On les peint. Le dormeur dort, le doreur dore. Ma mère confit des fruits, elle m'en con-

fie le soin. Le sang bou*t* dans mes veines. Ma sœur cou*d*
et brode. Le sel se dissou*t*. Chacun le lou*e*, l'applaudit.
Le pauvre mendie. Mon père ir*a* à la campagne, et en re-
viendr*a* le plus tôt qu'il pourra. On ne fai*t* pas toujours ce
qu'on veu*t*. Chacun dési*rait* qu'il revîn*t*. Le sage vainc
ses passions. Il fau*t* qu'on meur*e*.

26ᵉ EXERCICE. (*Idem*).

52. — On fera mettre à la troisième personne du singulier, aux
temps 1, 2, 3, 4, 5, de l'affirmatif et au présent et à l'imparfait du
subjonctif, les verbes du deuxième exercice (p. 153).

27ᵉ EXERCICE. (*Idem*).

53. — On fera mettre à la troisième personne du singulier du présent de l'affirmatif les verbes du troisième et du quatrième exercice,
en fesant prendre alternativement pour sujets les pronoms *il*, *elle*, *on*,
ou un substantif singulier (p. 153, 154).

28ᵉ EXERCICE (*Idem*).

54. — On fera mettre à la troisième personne du singulier du présent de l'affirmatif les verbes du septième et du huitième exercice, en
variant les sujets comme ci-dessus (p. 155).

29ᵉ EXERCICE (*Idem*).

55. -- On fera mettre à la troisième personne du singulier les verbes
du neuvième et du dixième exercice (p 156, 157).

1. Présent de l'affirmatif.
2. Passé simultané ou imparfait.
3. Passé défini.
4. Futur.
5. Conditionnel.

6. Impératif.
7. Présent du subjonctif.
8. Imparfait.
9. Participe présent.
10. Participe passé.

30e EXERCICE. *Récapitulation.* (241 à 245, 276, 277; 114, 128*). — *Questionn.*, 473 à 481, 534 à 541.

Pluriel des adjectifs.

56. — Il *faire* 4 tout les chose que je lui *prescrire* 4. On *lire* 1 de bon livre, on les *étudier* 1. On *parcourir* 1 avec plaisir des prairie émaillé de fleur. On *craindre* 1 plus qu'on n'*aimer* 1 les maître trop sévère. Il *falloir* 1 qu'il *parcourir* 7 ¹ beau lieu. Je *vouloir* 5 qu'il *faire* 8 tout ¹ étude, et qu'il *devenir* 8 un des meilleur avocat.

¹ *Ces* ou *ses.*

Les trois personnes du singulier.

31e EXERCICE. (261 à 278; 121 à 129*). — *Questionn.*, 501 à 541.

57. — Je me *résoudre* 1 à rester ² je *demeurer* 1. Tu *oublier* 1 ¹ que tu *apprendre* 1. Je me *sentir* 1 mieux quand je m'*asseoir* 1. *Sortir* 6 et *aller* 6 ² tu *vouloir* 4. On s'*enrouer* 1 quand on *crier* 1. *Tenir* 6 ¹ que tu *promettre* 1. Ma sœur *peindre* 1 des fleur, *jouer* 1 du piano, *copier* 1 de la musique. Je m'*astreindre* 1 à tout ¹ que tu *vouloir* 1. Chacun ¹ *plaire* 1 à faire ¹ que tu *désirer* 1. Je ne *vouloir* 1 pas qu'il *rire* 7 ainsi. Je *vouloir* 5 que chacun le *secourir* 8. Je *voir* 1 ¹ qu'il est nécessaire que je *voir* 7. On *craindre* 1 qu'il ne *mourir* 7. Il *tenir* 3 la

1. Présent de l'affirmatif.	6. Impératif.
2. Passé simultané ou imparfait.	7. Présent du subjonctif.
3. Passé défini.	8. Imparfait.
4. Futur.	9. Participe présent.
5. Conditionnel.	10. Participe passé.

parole qu'il *donner* 3. Il me *recevoir* 3 le mieux qu'il *pouvoir* 3, et je l'en *rem ercier* 3. On *faire* 1 des bail, et on les *résilier* 1. Il *entreprendre* 1 plus qu'il ne *pouvoir* 1.

 [1] *Ce* ou *se.* — [2] *Où* ou *ou.*

32ᵉ EXERCICE. (*Récapitulation*).

58. — Le méchant qui *ourdir* 1 la perte d'un homme *préparer* 1 souvent la sienne. *Abstenir* 6 toi des gain injuste : de tel profit *être* 1 des perte. *Apprendre* 6 à te conformer au circonstance, et ne *souffler* 6 pas contre le vent. Il *falloir* 1 que tu *couper* 7 le mal dans sa racine, et que tu *guérir* 7 la plaie avant qu'elle n'*être* 7 envenimé. *Payer* 6 ta vie par tes travail : le paresseux *faire* 1 un vol à la société. *Respecter* 6 les cheveu blanc ; *céder* 6 ta place à la vieillesse. On *fléchir* 1 les genou sous de lourd fardeau. *Défier* 6 -toi des flatteur. Ne *suivre* pas de tel conseil. Je me *parer* 1 de mes plus beau vêtement. Je *partir* 1 à la premier occasion. Tu *étudier* 4 [1] que je te *donner* 4. *Acquérir* 6 [2] vertu [3] tu *devoir* 4 ton bonheur. *Corriger* 6 avec soin tes écrit, si tu *vouloir* 1 qu'on les *lire* 7 plusieurs fois.

 [1] *Ce* ou *se.* — [2] *Ces* ou *ses.* — [4] *Auxquels* ou *auxquelles.*

Première personne du pluriel.

33ᵉ EXERCICE (278 à 281, 129*).—*Questionn.*, 541 à 545.

On fera faire la classification des mots et rendre compte des finales des verbes.

59. — Nous appren*ons* beaucoup mieux ce que nous

1. Présent de l'affirmatif.
2. Passé simultané ou imparfait.
3. Passé défini.
4. Futur.
5. Conditionnel.

6. Impératif.
7. Présent du subjonctif.
8. Imparfait.
9. Participe présent.
10. Participe passé.

comprenons. Ne chantons pas devant celui qui pleure. Nous fîmes le mieux que nous pûmes. Contentons-nous de ce que nous avons. Il faut que nous priions Dieu avec ferveur. On désire que nous employions mieux notre temps. Quand nous étions seuls, nous nous ennuyions beaucoup. Quoique nous criions fort, on ne nous entend pas. Il voyait bien que nous ne riions pas de bon cœur.

34ᵉ EXERCICE. (*Idem*).

60. — On fera mettre à la première personne du pluriel les verbes du deuxième exercice (p. 153), et aux temps 1, 2, 3, 4, 5, 6, 7.

35ᵉ EXERCICE. (*Idem*).

61. — On fera mettre à la première personne du pluriel les verbes du troisième et du quatrième exercice (p. 153, 154).

36ᵉ EXERCICE. (*Idem*).

62.—Il ne faut pas que nous *babiller* 7. Si nous ne *travailler* 2 pas, on nous *punir* 5. Nous *arriver* 3 plus tôt que nous ne le *croire* 2. *Tâcher* 6 de devenir meilleur. Nous *parvenir* 3 à ce que nous *vouloir* 3. Ne *craindre* 6 pas que nous nous *ennuyer* 2 si nous *être* 7 seul. On *craindre* 1 que nous ne *être* 9 fatigué. Ne *perdre* 6 pas notre temps. Nous le *quitter* 3 et lui *souhaiter* 3 un bon voyage. Il faut que nous *payer* 7 nos dette. Où étiez-vous ? nous *être* 2 dans le

1. Présent de l'affirmatif.	6. Impératif.
2. Passé simultané ou imparfait.	7. Présent du subjonctif.
3. Passé défini.	8. Imparfait.
4. Futur.	9. Participe présent.
5. Conditionnel.	10. Participe passé.

jardin [1] nous *étudier* 2 nos leçon. On ne *vouloir* 1 pas que nous nous *tutoyer* 7. Ne faut-il pas que nous *remédier* 7 à cela ?

[1] *Où* ou *ou.*

Deuxième personne du pluriel.

37ᵉ EXERCICE (281 à 284, 130*).—*Questionn.,* 545 à 548.

On fera rendre compte des finales des verbes.

65. — Vous ne sav*ez* pas ce que vous fait*es.* Vous ne croy*er* pas ce que vous dit*es.* Choisiss*ez* ce que vous voudrez. N'all*âtes*-vous pas [1] vous voul*ûtes*? Vous vî*ntes* trop tard, et vous ne trouv*âtes* personne. Vous le haï*tes* si long-temps, que vous ne p*ûtes* l'aimer ensuite. Il faut que vous me pay*iez*, si vous me renvoy*ez*. Il faudrait que vous me pay*assiez*, si vous me renvoy*iez*. Je crains que vous ne me congédi*iez*. Je ne saurais [1] aller, si vous me congédi*iez*. Si vous voulez être aimé, il faut que vous soy*ez* aimable. Je doute que vous ay*ez* raison.

[1] *Où* ou *ou.*

38ᵉ EXERCICE. (*Idem*).

64. — On fera mettre à la deuxième personne du pluriel les verbes du trente-sixième exercice (p. 167).

1. Présent de l'affirmatif.
2. Passé simultané ou imparfait.
3. Passé défini.
4. Futur.
5. Conditionnel.

6. Impératif.
7. Présent du subjonctif.
8. Imparfait.
9. Participe présent.
10. Participe passé.

39e EXERCICE. (*Idem*).

65.—Quand vous *faire* 1 des dettes, il faut que vous les *payer* 7. Je *craindre* 1 que vous n'*employer* 7 mal votre temps 4. *Dire* 6 toujours la vérité, et l'on vous *croire* 4. Quand vous *écrire* 1, il ne faut pas que vous *appuyer* 7. Vous *choisir* 3 ce que vous *vouloir* 3. Vous *convenir* 3 de vous y conformer. Si vous *désirer* 1 de réussir, il faut que vous *travailler* 7 avec ardeur. Quand vous *être* 2 à la campagne, vous *jouer* 2 plus souvent que vous ne *travailler* 2. *Agir* 6 de manière que vous n'*avoir* 7 rien à vous reprocher. Si vous *vouloir* 1 que Dieu vous *accorder* 7 ce que vous lui *demander* 1, il faut que vous le *prier* 7 avec ferveur.

Troisième personne du pluriel.

40e EXERCICE (284 131*). — *Questionn.*, 548.

On fera faire la classification des mots, déterminer le sujet de chaque verbe, et rendre compte de la finale verbale.

66. — Les enfants pleure*nt* et rie*nt* pour peu de chose. Si vous faites avec soin les devoirs que vous donne*nt* vos maîtres, ils vous récompensero*nt*. Les bienfaits que nous répandons nous attireront des bénédictions. Que diraie*nt* vos parents, s'ils connaissaie*nt* votre conduite? Ces bonnes gens fire*nt* ce qu'ils pure*nt* pour nous plaire. Puisse*nt* vos vœux être exaucés! Puisse*nt* nos

8

1. Présent de l'affirmatif.	6. Impératif.
2. Passé simultané ou imparfait.	7. Présent du subjonctif.
3. Passé défini.	8. Imparfait.
4. Futur.	9. Participe présent.
5. Conditionnel.	10. Participe passé.

amis réussir! Toutes mes entreprises réussir*ent* selon mes vœux. Nos maux vo*nt* bientôt finir. Comment fini*rent* ces scènes scandaleuses? Que faisaient ceux qui voyaient cela?

41e EXERCICE. (*Idem*).

On fera mettre au pluriel les phrases suivantes.

67. — Le chien aboie. Le loup hurle. L'eau coule. L'oiseau voltige. Le hibou se cache dans un trou. Le feu s'allumait. Ce verrou se rouillera. L'enfant brise son joujou. Je voudrais que ce local fût vacant. Mon frère viendrait me voir, s'il me savait malade. Que demandait cet homme? Ce soupirail était ouvert. Cet attirail me déplaisait. Un long travail avait altéré sa santé. Un superbe taureau paissait dans cette prairie. Que veut cet enfant? Ce lieu m'enchantait, il me rappelait un si doux souvenir. Le bijou plaît aux yeux. L'arsenal se remplit d'armes. Ce détail nous ennuie. Le cheval porte un fardeau.

Récapitulation des trois personnes du pluriel.

42e EXERCICE.

68. — *Suivre* 6 les bons conseils que nous *donner* 1 nos parent. Comment *étudier* 2 -vous les leçon que vous *donner* 2 vos maître? Nous les *étudier* 2 avec soin. Nou^s

1. Présent de l'affirmatif.	6. Impératif.
2. Passé simultané ou imparfait.	7. Présent du subjonctif.
3. Passé défini.	8. Imparfait.
4. Futur.	9. Participe présent.
5. Conditionnel.	10. Participe passé.

voir 3 de très-beau tableau qui nous *faire* 3 beaucoup de plaisir. Il ne faut pas que nous *rire* 7 devant ceux qui *pleurer* 1. Que *devenir* 4 [1] enfant, si vous les *renvoyer* 1. Vous ne *répondre* 3 pas au lettre que vous *écrire* 3 vos ami qui en *être* 3 mécontent et qui s'en *plaindre* 3.

[1] *Ces* ou *ses*.

Mode interrogatif.

43ᵉ EXERCICE (285 à 289, 132*). — *Questionn.*, 550 à 555.

On fera rendre compte des finales verbales, et de l'emploi du *t* euphonique.

69. — Ne puis-je rien faire pour vous? Que veux-tu? Comment va-*t*-il? Ne réponds-je pas bien? Que demande-*t*-on? Ne pleut-il pas? Où l'envoie-*t*-on? Ne le voit-on plus? Dis-tu la vérité? Pourquoi mendies-tu? Où ira-*t*-il? Ne fîmes-nous pas ce que vous dîtes? Marché-je assez vite? Ne vous dérangé-je pas? Où demeures-tu? Ne vous l'envoyai-je pas hier? N'allai-je pas vous voir? Ne travaillé-je pas mieux maintenant? Que firent-ils?

44ᵉ EXERCICE. (*Idem*).

70. — Les *soulager* 4 on? Que *parier* 1 tu? A quoi te *résoudre* 1 tu? Que *faire* 4 tu? Te *manquer* 1 il quelque

1. Présent de l'affirmatif.	6. Impératif.
2. Passé simultané ou imparfait.	7. Présent du subjonctif.
3. Passé défini.	8. Imparfait.
4. Futur.	9. Participe présent.
5. Conditionnel.	10. Participe passé.

chose ? Que *devenir* 5 je, si l'on m'abandonnait. *Travailler* 3 je bien hier ? Que *vouloir* 5 tu ? Ne *pouvoir* 1 tu le faire ? Comment se *porter* 1 il ? Ne *faire* 3 nous pas ce que nous *devoir* 2 ? Pourquoi vous *plaindre* 1 vous ? Que ne vous *plaindre* 3 vous ? Pourquoi me *fuir* 1 tu ? Sur quoi t'*appuyer* 1 tu ? Quand *sortir* 4 il ?

Récapitulation du genre et du nombre dans les adjectifs.

45ᵉ EXERCICE (Voy. p. 69 35*). — *Quest.*, 556 à 560.

Sur les verbes ÊTRE et AVOIR.

71. — Tu *être* 1 bien fatigué, ma sœur, qu'*avoir* 1 tu fait ? N'*être* 1 vous pas tous content ? J'*avoir* 3 une cruel maladie, dont j'ai *être* 10 long-temps bien affaibli. Qu'*avoir* 2 ¹ enfant, qui *être* 2 affligé ? Nous *avoir* 3 de la pluie et nous *être* 3 beaucoup mouillé. *Être* 4 tu discret, Henriette ? Nous *avoir* 4 un bon occasion de vous être utile. Je *vouloir* 5 qu'elle *être* 8 muet. *Avoir* 6 de la patience et tu *être* 4 sûr de réussir. Mesdames, n'*être* 6 pas inquiet. Il faudrait qu'elle *être* 8 bien sot ou bien fol. Je n'*avoir* 5 nul envie de le voir. *Être* 6 en garde contre la mol oisiveté. ² *Être* 5 mes seul occupation. Ma fille, n'*être* 6 jamais ingrat. Je *vouloir* 1 que tu *avoir* 7 une

1. Présent de l'affirmatif.
2. Passé simultané ou imparfait.
3. Passé défini.
4. Futur.
5. Conditionnel.

6. Impératif.
7. Présent du subjonctif.
8. Imparfait.
9. Participe présent.
10. Participe passé.

meilleur opinion de moi. Je *douter* 1 qu'elle *avoir* 7 une voix enchanteur. Je *craindre* 1 que cette jeune fille n'*être* 7 menteur. Les réponse des oracle *être* 2 ambigu. ¹Gens *être* 5 moins brutal. Si nos repas *être* 2 frugal, il n'en *être* 5 que meilleur. Je craindrais que ¹ délai ne me *être* 8 fatal.

¹ *Ces* ou *ses*. — *Ce* ou *se*.

Verbes irréguliers de la première conjugaison.

46ᵉ EXERCICE (Voy. p. 86 51*. 299 à 305, 141 à 147*).
— *Questionn.*, 580 à 594.

On fera mettre les verbes suivants aux formes ci-après indiquées par des chiffres. Le dernier chiffre, quand il y en a deux, indique la personne et le nombre (1, 2, 3, pour le singulier; 4, 5, 6, pour le pluriel). Celui qui précède désigne le temps (Voy. p. 158).

72. — *Soulager* 6 4 les malheureux. Il ¹ *venger* 3 en pardonnant. ¹ qui m'*affliger* 2 le plus,¹ *être* 2 de les voir partir. Nous nous *dédommager* 3. Sa figure s'*alonger* 3. Pourquoi ne vous *corriger* 2-vous pas? Ne *forcer* 6 4 pas notre talent. Je m'*efforcer* 3 de leur plaire. ¹ qu'on nous *annoncer* 3 ¹ *réaliser* 3. Que Dieu *exaucer* 7 vos vœu! Comment les *remplacer* 3 -vous? Ne me *forcer* 6 pas à te punir. Il *déranger* 2 ¹ que je *placer* 2 près de lui. *Acquiescer* 3 -tu à sa demande? Qu'*acheter* 4-tu?

1. Présent de l'affirmatif.	6. Impératif.
2. Passé simultané ou imparfait.	7. Présent du subjouctif.
3. Passé défini.	8. Imparfait.
4. Futur.	9. Participe présent.
5. Conditionnel.	10. Participe passsé.

Acheter 6 ¹ que tu *désirer* 1. *Épousseter* 6 2. ² meuble. *Rejeter* 6 5 de tel offre. On les *appeler* 1. Ne m'*appeler* 1 -vous pas ? Il *geler* 4 demain. Il faut que tu *étiqueter* 7 ² flacon.

¹ *Ce* ou *se*. — *Ces* ou *ses*.

73. — On fera mettre les verbes suivants aux formes indiquées par les chiffres.

Changer, 1 4. 1 6. 2 1. 2 6. 3 4. 3 5. 2 4. 6 4. 7 4. 8 2. 8 3.

Commencer, 1 2. 2 3. 2 6. 3 5. 3 2. 8 3. 8 6. 8 2. 6 4. 6 5.

Ficeler, 1 2. 1 6. 1 5. 2 4. 3 4. 4 1. 4 6. 5 4. 7 3.

Harceler, 1 3. 1 6. 1 4. 2 1. 2 6. 3 3. 4 6. 5 4.

47ᵉ EXERCICE (Voy. p. 86 51ˣ). (*Questionn.*, *idem*).

74. — Il *falloir* 1 que tu *céder* 7. *Répéter* 6 ¹ que tu *avoir* 1 dit. Je ne m'en *inquiéter* 4 nullement. , que vous *céler* 1 ¹ *révéler* 4. *Révérer* 6 ton père. Cette fête¹ *célébrer* 4 long-temps. Il *régner* 3 avec gloire. ² me *mener* -tu ? *Promener* 6, -toi tu voudras. Celui qui s'*élever* 4 *être* 4 abaissé. Quand tu *parler* 1, tu *semer* 1 ; quand tu *écouter* 1, tu recueilles. On *nettoyer* 1 les étoffe , on les reteint. Je crains qu'on n'*essuyer* 7 de grande perte. N'*ap-*

1. Présent de l'affirmatif.
2. Passé simultané ou imparfait.
3. Passé défini.
4. Futur.
5. Conditionnel.

6. Impératif.
7. Présent du subjonctif.
8. Imparfait.
9. Participe présent.
10. Participe passé.

puyer 6 pas quand tu écris. Les genou *ployer* 1 sous de lourd fardeau. Nous nous *ennuyer* 5 trop, si nous *être* 2 seul. Cet enfant *bégayer* 1. Qui *payer* 1 [3] dette s'*enrichir* 1. On les *rayer* 4. Je *douter* 1 que vous *employer* 7 bien votre temps. On les *renvoyer* 4, s'il [1] conduisent mal. Je vous *envoyer* 4 chercher.

[1] *Ce* ou *se.* — [2] *Où* ou *ou.* — [3] *Ses* ou *ces.*

75. — *Compléter,* 1 2. 1 6. 2 4. 2 6. 3 1. 4 2. 4 6. 5 3. 5 5. 7 3.

Semer, 1 1. 1 3. 2 2. 2 5. 3 5. 4 2. 4 6. 5 4. 7 6. 8 3.

Noyer, 1 1. 1 6. 2 4. 2 5. 3 4. 3 6. 4 1. 4 6. 5 3. 5 6.

Essayer, 1 3. 1 6. 2 5. 2 6. 4 6. 4 1. 5 2. 5 4. 7 2. 7 5.

Payer, 1 1. 1 2. 1 6. 2 4. 4 4. 5 3. 7 2. 7 4. 7 5.

Verbes irréguliers de la deuxième conjugaison.

48e EXERCICE. (Voy. p. 89 53. 305 à 309, 147*). — *Quest.,* 594 à 610.

76. — Ne *mentir* 6 2 pas. Quand *partir* 1-tu? Je m'en *repentir* 1. Je *sortir* 1 souvent. Que *sentir* 1-tu? On *répartir* 1 les contribution. *Ouvrir* 6 ta bourse au pauvre. Il faut que tu *cueillir* 7 des fleur, et que tu les *offrir* 7 à [1] dames. [1] yeux *saillir* 1 beaucoup, [2] est qu'il est myope. Le sang *saillir* 4. [2] balcon *saillir* 4 trop. L'ennemi nous *assaillir* 5. Je *tressaillir* 4. Il faut que tu *venir* 7.

1. Présent de l'affirmatif.	6. Impératif.
2. Passé simultané ou imparfait.	7. Présent du subjonctif.
3. Passé défini.	8. Imparfait.
4. Futur.	9. Participe présent.
5. Conditionnel	10. Participe passé.

Il fallait que tu *venir* 8, qu'il *venir* 8. Les honnête gens *tenir* 1 [2] qu'il *promettent* 1. Je voudrais que tu me *tenir* 8 parole. [1] livre m'*appartenir* 1, et je vous les *céder* 4. Je *mourir* 4 content. Je serais désolé qu'il *mourir* 8. *Acquérir* 6 des vertu et tu ne *mourir* 4 point tout entier. Il faut que tu *acquérir* 7 des talent. J'en *acquérir* 4. Il faut que nous *acquérir* 7 des connaissance. Je *douter* 1 qu'il en *acquérir* 7. Il faut que tu *fuir* 7 les flatteur. On a *bénir* 10 les drapeau. Le buis *béni* [2] *distribuer* 1 le dimanche des Rameau. Que Dieu soit *bénir* 10 ! Je *douter* 1 que tu *courir* 7 plus vite que moi. Ils *courir* 4 après nous. Je *faillir* 3 de me tuer. Mes force *défaillir* 1 chaque jour. On les craint, on les *haïr* 1. Les premier homme [2] *vêtir* 3 de peau de bête. L'hiver je me *vêtir* 1 chaudement.

[1] *Ses* ou *ces.* — [2] *Ce* ou *se.*

77. — *Mentir,* 1 2. 1 1. *Consentir,* 1 1. 1 2. *Sortir,* 1 1. *Couvrir,* 1 2. *Souffrir,* 6 2. *Saillir* (jaillir), 1 6. 2 6. 4 3. (s'avancer), 1 3. 2 3. 4 6. *Assaillir,* 1 3. 1 6. 2 6. 4 6. *Parvenir,* 1 6. 7 3. 7 2. 8 6. *Soutenir,* 7 2. 7 6. *Mourir,* 4 2. 4 5. 5 3. 5 6. *Acquérir,* 1 1. 1 3. 1 4. 1 6. *Fuir,* 1 6. 7 2. 7 5. *Courir,* 1 3. 4 5. 4 6. 5 1. 7 1. *Haïr,* 1 1. 1 2. 1 3. 3 4. 3 5. 8 3. *Vêtir,* 1 1. 1 2. 1 3. 1 6. 2 2. 2 5.

Verbes irréguliers de la 3ᵉ conjugaison.

49ᵉ EXERCICE. (Voy. p. 92 55[1]). — *Quest.*, 610 à 622.

78. — Je m'*asseoir* 5 volontiers. *Asseoir* 6-toi près de

1. Présent de l'affirmatif.
2. Passé simultané ou imparfait.
3. Passé défini.
4. Futur.
5. Conditionnel.

6. Impératif.
7. Présent du subjonctif.
8. Imparfait.
9. Participe présent.
10. Participe passé.

moi. Il *falloir* 1 que tu t'*asseoir* 7. Il *falloir* 5 que tu t'*asseoir* 8. Si nous nous *asseoir* 2. La fortune *déchoir* 4 bientôt. J'ai *devoir* 10 me taire. Je ne *vouloir* 5 pas qu'on me *devoir* 8 autant. Ce billet *échoir* 1 aujourd'hui, je croyais qu'il *échoir* 5 demain. Plusieurs lots nous *échoir* 4. Je *désirer* 5 que ces billets *échoir* 8 plus tard. Je m'*émouvoir* 1 facilement. Je crains qu'il ne s'*émouvoir* 7 trop. Je *pourvoir* 4 à mes besoin. Il *falloir* 1 que vous y *pourvoir* 7. Je n'y *pouvoir* 4 rien. Qu'y *pouvoir* 4-tu faire ? Nous ne *pouvoir* 3 y parvenir. Si tu *avoir* 1 des talent, il ne *falloir* 1 pas que tu t'en *prévaloir* 7. Je *recevoir* 3 autant de chose que j'en *vouloir* 3. Ne *recevoir* 4 –je pas de vos nouvelle ? Je *souhaiter* 5 que tu *recevoir* 8 plusieurs prix. On les *apercevoir* 1. Je *savoir* 1 ce que tu *valoir* 1. Si peu que nous *valoir* 7, nous *valoir* 1 quelque chose. *Savoir* 1 -vous ce que nous *voir* 4 ? On *surseoir* 4 à l'exécution. Ces couleur ne vous *seoir* 1 pas. Cela ne *valoir* 4 plus rien. *Vouloir* 6 5 me répondre.

79.—*S'asseoir*, 1 1. 2 5. 3 4. 4 6. 5 5. 7 4. *Déchoir*, 1 3. 2 6. 3 6. 4 4. 8 2. *Devoir*, 2 6. 1 6. 4 2. 3 4. 5 4. 7 4. 8 2. *Échoir*, 4 6. 8 3. 5 3. *Falloir*, 2 3. 4 3. 8 3. *Mouvoir*, 1 2. 2 6. 3 3. 4 6. 7 4. 8 2. *Pouvoir*, 4 6. 8 3. *Recevoir*, 4 2. 8 2. *Savoir*, 6 2. 7 2. 4 6. *Seoir*, 1 3. 2 3. 5 3. *Valoir*, 4 6. 8 3 *Voir*, 8 2. 4 5. 7 4. 2 5.

1. Présent de l'affirmatif.
2. Passé simultané ou imparfait.
3. Passé défini.
4. Futur.
5. Conditionnel.

6. Impératif.
7. Présent du subjonctif.
8. Imparfait.
9. Participe présent.
10. Participe passé.

Verbes irréguliers de la 4ᵉ conjugaison.

50ᵉ EXERCICE. (V. p. 94, 57*) (310, 149*).—*Quest.*, 622, 623.

80.—Le prêtre nous *absoudre* 1. Le sel se *dissoudre* 2 lentement. Je vous *absoudre* 4. J'ai *résoudre* 10 plusieurs question. Le soleil a *résoudre* 10 le brouillard en pluie. Pourquoi me *battre* 1-tu? Ils nous *battre* 4. Je *craindre* 2 qu'on ne me *battre* 8. Ils se *battre* 3 en désespéré. Les âne *braire* 1,2,3. Les flot *bruire* 1. Les feuille *bruire* 1. *Dormir* 6, mon enfant, *clore* 6 ta paupière. On *clore* 1 ce champ, il faut bien qu'on le *clore* 7. J'ai *exclure* 10 cet homme de ma maison. Je *vouloir* 5 que tu te *conduire* 8 mieux. *Connaître* 6 -toi toi-même. J'avais peur qu'on ne me *reconnaître* 8. Que *coudre* 1-tu là? Je *coudre* 5 mieux, si j'y *mettre* 2 plus de temps. Vous ne *croire* 2 pas que je *coudre* 8 aussi bien. Vous *craindre* 2 donc que je ne vous *croire* 8 pas. Je *craindre* 1 qu'on ne me *croire* 7 pas. L'arbre *croître* 1 et *mourir* 1. Ses richesse s'*accroître* 3 et se *dissiper* 3 avec la même rapidité. *Dire* 1-vous la vérité? Je *être* 5 désolé que vous ne la *dire* 8 pas. *Dire* 6 5 ce que vous *faire* 4. Vous vous *dédire* 1. Pourquoi vous *contredire* 1-vous? Si vous *médire* 1, vous *calomnier* 4 bientôt. Quel évènement vous *prédire* 1! *Dédire* 1 -vous si vous *vouloir* 1. Ne *médire* 6 5 de personne. Je *faire* 2 ce que je *vouloir* ?

1. Présent de l'affirmatif.
2. Passé simultané ou imparfait.
3. Passé défini.
4. Futur.
5. Conditionnel.

6. Impératif.
7. Présent du subjonctif.
8. Imparfait.
9. Participe présent.
10. Participe passé.

81.—*Absoudre,* 1 1. 1 3. 1 6. 2 3. 3 1. 8 1. 4 4. 5 6. 10.

Battre, 1 1. 1 5. 2 2. 2 6. 3 1. 3 4. 10. 4 1. 4 6. 5 4. *Boire,* 1 4. 1 6. 2 2. 2 6. 3 2. 3 5. 10. 4 2. 4 5. 6 2. 7 2 8 3. *Braire,* 1 3. 1 6. 2 3. 1 2. 1 3. 3 4. 4 2. 7 2. *Conduire,* 1 3. 2 6. 3 5 10. 4 6. 5 3. *Confire,* 1 3. 1 6. 2 2. 3 4. 4 6. 6 4. 7 2. 8 4. *Connaître,* 1 3. 1 2. 1 5. 1 6. 2 3. 3 4. 3 6. 4 2. 4 6. 5 5. 6 5. 7 2. 8 3. *Coudre,* 1 1. 1 3. 1 6. 2 1. 2 5. 3 2. 3 4. 3 6. 10. 4 1. 4 5. 4 6. 5 1. 5 3. 6 2. 7 2. 7 4. 8 2. 8 3. 8 6. *Croire,* 1 3. 1 5. 1 6. 2 3. 2 4. 2 5. 3 2. 3 4. 3 5. 10. 4 2. 4 6. 5 6. 6 2. 8 2. 8 3. 8 6. 7 2. 7 3. 7 6. *Croître,* 1 3. 1 6. 2 6. 3 3. 3 2. 3 4. 3 6. 10. 8 3. *Dire* 1 5. 2 6. 3 5. 10. 6 5. 8 2. 8 3.

51e EXERCICE. — (*Idem*).

82. — Le sel se *dissoudre* 1. On *dissoudre* 4 ce mariage. On a *dissoudre* 10 cette société. Je vous *écrire* 4. Je *vouloir* 5 que tu *écrire* 8 mieux. Il *falloir* 5 qu'on l'*exclure* 8. Nous *faire* 1 ce que nous *vouloir* 1. Vous ne *faire* 1 pas aujourd'hui ce que vous *faire* 3 hier. Il *falloir* 5 que tu *lire* 8 plus souvent. Je vous le *promettre* 1. Ils nous le *promettre* 4. Je ne vous *permettre* 4 pas de sortir. Le blé se *moudre* 1. Le blé et le café se *moudre* 1. On ne *moudre* 3 rien de la semaine dernière. On l'a *moudre* 10

1. Présent de l'affirmatif.	6. Impératif.
2. Passé simultané ou imparfait.	7. Présent du subjonctif.
3. Passé défini.	8. Imparfait.
4. Futur.	9. Participe présent.
5. Conditionnel.	10. Participe passé.

Quand cet enfant *naître* 3-il? D'un mal *naître* 1 quelquefois un bien. Il me *nuire* 3. Je *craindre* 2 qu'il ne me *nuire* 8. Je ne vous *nuire* 4 jamais. Ils me *nuire* 3. Ils nous ont *nuire* 10. Il se *repaître* 1 d'une vain espérance. Il *disparaître* 3 dès que j'*entrer* 3. Il *paraître* 1 que vous *faire* 1 plus que vous ne *promettre* 1. Je *être* 5 fâché que tu y *paraître* 8. Ce que tu *peindre* 1 me *plaire* 1. Je *désirer* 5 que tu *peindre* 8 plus souvent. N'*entreprendre* 6 rien au dessus de ce que tu *pouvoir* 1. Je *douter* 1 que tu le *comprendre* 7. Si tu n'*étudier* 1 pas, tu *désapprendre* 4. Il ne *falloir* 1 pas que vous *rire* 7. Il *falloir* 5 que cela vous *suffire* 8. Chacun se *taire* 3. Je *craindre* 2 que tu ne te *taire* 8 pas. Ce discours me *convaincre* 1. Rien ne le *convaincre* 2. *Vaincre* 6 4 nos mauvaise habitude. Alexandre *vaincre* 3 les Perse. Il *falloir* 2 qu'il *vivre* 8 plus long-temps. Par leurs bienfait, ils *vivre* 4 dans la postérité.

85. — *Dissoudre*, 1 2. 1 6. 1 3. 2 3. 3 4. 8 1. 4 6. *Écrire*, 3 3. 8 3. 8 2. 7 2. 4 2. 5 6. 10. *Exclure*, 8 6. 7 3. 8 3. 7 4. 8 4. 10. *Faire*, 1 3. 1 4. 1 5. 2 6. 3 5. 3 6. 10. 4 2. 5 4. 6 4. 6 5. 7 2. 8 3. 8 6. *Feindre*, 1 2. 1 6. 2 5. 3. 2. 3 4. 7 2. 7 4. 8 3. 8 2. 10. *Frire*, 1 3. 1 6. 4 2. 5 6. 6 2. 6 4. *Lire*, 4 2. 5 5. 8 3. 8 6. 3 4. 10. *Luire*, 1 3. 1 6. 2 3. 4 6. *Mettre*, 3 4. 4 5. 5 6. 8 2. 1 4. 10. *Moudre*, 1 2. 1 3. 1 6. 2 1. 7 2. 6 2. 4 2. 5 4. 8 2. 8 6. 10. *Naître*, 1 2. 1 3.

1 6. 2 6. 3 3. 4 6. 5 3. 7 3. 8 2. 8 3. 10. *Nuire*, 1
1, 1 3. 1 5. 2 6. 3 3. 3 6. 4 1. 5 3. 7 2. 8 2. 8 3.
10. *Paître*, 1 3. 1 6. 2 6. 3 3. 8 1. 4 3. *Paraître*, 1
2. 1 3. 1 6. 2 3. 3 6. 3 5. 6 5. 7 2. 8 2. 8 3. 10.

84. — *Peindre*, 1 1. 1 3. 1 6. 2 5. 2 4. 3 1. 3 4.
4 3. 4 2. 4 6. 5 1. 6 4. 7 2. 7 4. 8 3. 8 5. 10. *Plaire*, 1
3. 1 6. 2 6. 3 4. 4 2. 5 5. 6 4. 7 2. 8 3. 8 4. 10. *Prendre*, 1 2. 2 1. 26. 2 4. 3 1. 3 3. 3 5. 4 5. 5 5. 6 5. 6
2. 7 2. 8 2. 10. *Résoudre*, 1 2. 1 3. 1 5. 1 6. 2 3. 3
3. 3. 2. 4 4. 1 2. 4 6. 5 3. 5 4. 6 5. 7 2. 8 2. 10. *Rire*,
1 2. 1 6. 2 4. 2 5. 3 4. 3 5. 4 2. 4 6. 5 4. 6 2. 7
1. 7 2. 7 4. 7 5. 8 3. 8 2. 8 4. 10. *Suffire*, 1 3. 1 6.
2 6. 3 6. 4 6. 5 3. 7 3. 8 3. 10. *Suivre*, 8 2. 4 2. 7
2. 10. *Taire*, 8 6. 3 4. 1 6. 4 2. 7 2. 1 4. 4 4. 4 6.
8 3. 3 3. 10. *Traire*. 1 1. 1 3. 2 3. 8 1. 4 2. 7 2. *Vaincre*, 1 1. 1 3. 1 4. 1 6. 2 1. 2 6. 3 2. 4 2. 5 4. 10.
Vivre, 1 1. 1 2. 1 6. 2 3. 3 3. 3 5. 4 2. 4 6. 5 4. 6
5. 7 2. 7 6. 8 3. 8 6. 10.

CHAP. V. — DES INVARIABLES.

FORMATION DES ADVERBES.

1er EXERCICE (311, 312, 151*). — *Questionn.*, 624 à 639.

85. — On fera former les adverbes des adjectifs suivants : Récent, méchant, lent, savant, prudent, présent, éloquent, véhément, joli, élégant, inutile, conforme, impuni, précis, doux, naïf, heureux, gentil, commun, grand, obscur, nouveau, énorme, diffus, aveugle, beau, profond, rond, faux, égal, complet, net, bon, exprès, discret, patient, fier, supérieur, sot, dévot, fou, frais, mou, malin, sec, nul, pareil, secret, cruel.

2e EXERCICE (313 à 333, 152 à 172*). — *Quest.*, 639 à 649.

On fera rendre compte de l'orthographe des mots invariables suivants, et l'on fera ensuite une dictée de cet exercice.

88. — Il n'a rien fait *jusqu'à* présent. Vous n'irez que *jusque-là*. *Jusques* à quand abuserez-vous de ma patience ? *Où* vas-tu ? J'irai *jusqu'où* vous voudrez. J'irai à Lyon *ou* à Grenoble *où* je resterai quelques jours. Je voudrais que tu vinsses *plus tôt*. *Plutôt* mourir que de commettre un tel crime ! Que voulez-vous *encore* ? On l'a trouvé *presque* inanimé. L'Espagne est une *presqu'île*. Il partit *presqu'en* même temps. *Quelque* opulent qu'il soit, l'avare désire *toujours davantage*. Le moment *où* je parle est *déjà* loin de moi. L'avare n'a de parents qu'*à* sa mort. Il partit *dès* le point du jour et marcha *jusqu'à* midi. *Quant à* la bonne volonté, je n'en manque pas. *Quand* au talent on joint la modestie, on n'en est que plus estimé. *Entre* eux il n'existe nul rapport. Il faut s'*entr*'aider dans ce monde. *Par ce que* vous faites, je vois que vous êtes sûr de réussir; *parce que,* dans le cas contraire, vous agiriez tout autrement. *Puisque* avec de la conduite et de l'ordre on réussit, vous ne devez pas désespérer. *Quoi que* vous disiez, je ne vous croirai pas. *Quoiqu'*il soit pauvre, il est heureux. *Ha !* vous *voilà. Hé !* que me dites-vous ? *O* mes amis ! *Hé !* que ne parliez-vous? *Oh !* quel bonheur ! *Ah !* que je suis heureux ! *Ho !* que faites-vous *là ? Eh !* pourquoi renouveler ma douleur ?

EXERCICES GÉNÉRAUX.

PREMIÈRE PARTIE.

1. Présent de l'affirmatif.	6. Impératif.
2. Passé simultané ou imparfait.	7. Présent du subjonctif.
3. Passé défini.	8. Imparfait.
4. Futur.	9. Participe présent.
5. Conditionnel.	10. Participe passé.

1er EXERCICE.

87. — Ceux qui *donner* 1 des conseils sans les accompagner d'exemple, *ressembler* 1 ¹ ² poteau de la campa-

1. Présent de l'affirmatif.	6. Impératif.
2. Passé simultané ou imparfait.	7. Présent du subjonctif.
3. Passé défini.	8. Imparfait.
4. Futur.	9. Participe présent.
5. Conditionnel.	10. Participe passé.

gue, qui *indiquer* 1 les chemin sans les parcourir. Les talent *être* 1 inné; l'éducation les *développer* 1, les circonstances les *mettre* 1 en jeu [3] les *rendre* 1 inutile. *Penser* 6 deux fois avant de parler une, et tu *parler* 4 beaucoup mieux. Quoi! nous *avoir* 5 des œil, et nous ne les *ouvrir* 5 pas au merveille qui nous *environner* 1 de tout part! nous *avoir* 5 des oreille, et nous n'*écouter* 5 pas les hymne que tout la nature *adresser* 1 au Créateur! Passion sublime, sentiment des grand ame, bonheur du monde, devant lequel tout les mal *disparaître* 1 [3] *s'affaiblir* 1, et tout les bien *s'embellir* 1 [3] *s'accroître* 1, ô divin amitié! ton nom seul me *rappeler* 1 tout les charme de ma vie.

[1] A, à. — [2] Ces, ses. — [3] Ou, où.

2e EXERCICE.

88. — Je *craindre* 1 Dieu, *dire* 2 un homme sensé, et, après lui, je ne *craindre* 1 que celui qui ne le *craindre* 1 pas. Ne *faire* 6 ni ne *dire* 6 jamais rien que vous ne *vouloir* 7 que tout le monde *voir* 7 et *entendre* 7. *Fuir* 6 comme la peste la mol oisiveté; si tu ne l'en *rendre* 1 maître, elle *s'emparer* 4 de toi, et te *perdre* 4. Nous ne *vouloir* 5 pas que l'air 1 *corrompre* 8, et que l'on nous *priver* 8 de la lumière: ne nous *priver* 6 pas nous-même des bienfait du temps, qu'il *falloir* 1 que nous *employer* 7 avec usure. *Vouloir* 1 -tu maîtriser les tentation au-

1. Présent de l'affirmatif.	6. Impératif.
2. Passé simultané ou imparfait.	7. Présent du subjonctif.
3. Passé défini.	8. Imparfait.
4. Futur.	9. Participe présent.
5. Conditionnel.	10. Participe passé.

quel tu te *voir* 1 exposé ? *avoir* 6 recours [4] deux moyen : le travail et la prière. L'activité *payer* 1 les dette, et le désespoir les *augmenter* 1. *Apprendre* 6 [4] bien vivre et tu *savoir* 4 mourir. Les petit esprit *triompher* 1 des fautes des grand génie, comme les hibou [1] *réjouir* 1 des taches du soleil. Les vrai ami *attendre* 1 qu'on les *appeler* 7 dans la prospérité; dans l'adversité, il [1] *présenter* 1 d'eux-même. Presque tout [5] plaisir mondain sont faux et trompeur. Chacun [4] [5] peine et [5] plaisir.

[1] Ce, se. — [2] Leur, leurs. — [3] Ou, où. — [4] A, à. — [5] Ces, ses.

3e EXERCICE.

98. — Le flatteur *dire* 1 [1] la colère, *venger* 6 -toi; [1] la passion, *jouir* 6; [1] la peur, *fuir* 6; au soupçon, *croire* 6 tout. Les âge [2] *renouveler* 1; la figure du monde *passer* 1 sans cesse; les mort et les vivant [2] *remplacer* 1 [3] [2] *succéder* 1 continuellement; rien ne *demeurer* 1, tout *changer* 1, tout [2] *user* 1, tout [1] *éteindre* 1; Dieu seul *demeurer* 1 toujours le même. Ne *reprocher* 6 [1] personne sa mauvaise fortune, de peur que vous ne vous *trouver* 7 quelque jour dans le même cas. Tu *parler* 1 mal des autre! tu ne *craindre* 1 donc pas le mal qu'il *dire* 4 de toi? Je ne *vouloir* 5 pas qu'on *savoir* 8 ma pensée; ne la *dire* 6 5 pas. Je ne *vouloir* 5 pas qu'on *savoir* 8 ce que je *être* 1 tenté de faire; ne le *faire* 6 5 point. *Abstenir* 6

8*

1. Présent de l'affirmatif.
2. Passé simultané ou imparfait.
3. Passé défini.
4. Futur.
5. Conditionnel.

6. Impératif.
7. Présent du subjonctif.
8. Imparfait.
9. Participe présent.
10. Participe passé.

-toi des gain injuste, de tel profit *être* 1 des perte. *Manger* 6, *boire* 6, *parler* 6, avec mesure; en tout *éviter* 6 l'excès. Non seulement les plaisir ne *être* 1 pas de durée, mais encore il *causer* 1 du dégoût; il *affaiblir* 1 le corps et *abrutir* 1 l'ame. *Apprendre* 6 [1] te conformer au circonstance et ne *souffler* 6 pas contre le vent. *Avoir* 6 2 en horreur le mensonge, même dans les jeu.

[1] A à. — [2] Ce, se. — [3] Ou, où.

4e EXERCICE.

99.—*Régler* 6 tes pensée [1] tel point que si l'on *venir* 1 te *demander* 1 quoi tu *penser* 1, tu *pouvoir* 7 répondre aussitôt : « Je *penser* 1 [1] cela et [1] cela ; » en sorte que, par ta réponse, on *voir* 7 que tu n'*avoir* 1 dans ton ame rien que de simple, de bon et de convenable [1] un être qui *devoir* 1 vivre en société. Ne *raconter* 6 4 jamais le bien que nous *faire* 1 : les bon action *devoir* 1 être muet. Un tendre mère *voir* 1 dans [2] enfant [2] oyau les plus beau, [2] plus précieux bijou. Le mécontentement de soi-même *ternir* 1 le plus beau teint, et *altérer* 1 les trait les plus délicat. Je *savoir* 1, je *savoir* 1 ! propos d'enfant, qui *revenir* 1 [1] ceci : J'*avoir* 1 de la vanité, donc je n'*apprendre* 4 rien.

[1] A , à. — [2] Ces, ses

1. Présent de l'affirmatif.
2. Passé simultané ou imparfait.
3. Passé défini.
4. Futur.
5. Conditionnel.

6. Impératif.
7. Présent du subjonctif.
8. Imparfait.
9. Participe présent.
10. Participe passé.

5ᵉ EXERCICE.

100.—*Avouer* 6 nos tort [1] ceux qui nous *aimer* 1 : [1] la voix d'un bon père, la conscience *reprendre* 1 son empire, le cœur [2] *améliorer* 1, on [2] *repentir* 1 et l'on [2] *corriger* 1. *Taire* 6 -toi, [3] *dire* 6 quelque chose qui *valoir* 7 mieux que ton silence. Si dans les mal qui vous *affliger* 1, vous *penser* 1 aux motif de consolation qu'il vous *offrir* 1 eux-même, vous les *supporter* 4 avec moins de peine; mais si vous ne [4] *opposer* 1 pas [2] qui *devoir* 1 les adoucir, si vous ne vous *occuper* 1 que de vos souffrance, vous ne *voir* 4 jamais aucun terme [1] vos douleur. Ton corps *souffrir* 1, *appeler* 6 le médecin; ton ame *être* 1 dans la langueur, *faire* 6 approcher ton ami : la doux voix de l'amitié *être* 1 le plus sûr remède contre l'affliction. *Vouloir* 1 -nous rendre persuasif les bon avis que nous *donner* 1, *dépouiller* 6 -les d'orgueil, et *empreindre* 6 -les, pour ainsi dire, d'indulgence et de sympathie. Le moyen d'en éprouver l'efficacité, c'est d'en faire l'essai sur nous-même : *corriger* 6 -toi *sembler* 4 toujours dur; *corriger* 6 -nous *être* 1 plus doux [1] l'oreille. La prière de l'innocence *être* 1 la plus agréable [1] Dieu : *garder* 6 notre innocence, enfant, nos parent *pouvoir* 1 tomber malade.

[1] A, à. — [2] Ce, se. — [3] Ou, où. — [4] Leur, leurs.

6ᵉ EXERCICE.

101.—Le souvenir des bon action *embellir* 1 et *parfu-*

1. Présent de l'affirmatif.	6. Impératif.
2. Passé simultané ou imparfait.	7. Présent du subjonctif.
3. Passé défini.	8. Imparfait.
4. Futur.	9. Participe présent.
5. Conditionnel.	10. Participe passé.

mer 1 la vie, comme un bouquet de rose. Quand nous *être* 1 exigeant, nous *être* 1 injuste [1] vain : nous *vouloir* 1 les autre parfait ; que *être* 1 -nous, que *penser* 1 -nous être ? Celui qui *dire* 1 : Je m'*ennuyer* 1, ne s'*apercevoir* 1 pas qu'il *dire* 1 précisément : Je *être* 1 pour moi-même un sot et ennuyeux compagnie. Le temps *influer* 1 sur notre humeur ; un ciel gris [1] pluvieux nous *rendre* 1 triste, morose. De rien ne *faire* 6 5 parade : car en tout chose, on [2] *défier* 1 de la montre. *Voir* 6 toujours devant toi l'homme dont tu *aller* 1 parler. Pauvre égoïste ! *essayer* 6 une fois par curiosité d'aimer quelque autre que toi, tu *continuer* 4 peut-être après par plaisir. Celui qui *nier* 1 le bonheur de la prière,[1] ne *prier* 1 jamais,[1] *prier* 1 sans ferveur. *Voir* 6 4 en étourdi les défaut de nos camarade, *juger* 6 les nôtre en observateur. N'*ajourner* 6 jamais la réconciliation : offensé, ne *refuser* 6 pas notre main ; offenseur, *offrir* 6 -la nous-même. On *recommencer* 1 [3] faute, quand on les *oublier* 1.

[1] Ou, où. — [2] Ce, se. — [3] Ces, ses.

7e EXERCICE.

102. — Ne *débiter* 6 2 jamais de beau maxime ; mais *faire* 6 [3] que [1] maxime *prescrire* 1. Quand on *courir* 1 après l'esprit, on *attraper* 1 souvent la sottise. Ne *dire* 6 5 jamais : Ce faute *être* 1 léger, je *pouvoir* 1 me la per-

1. Présent de l'affirmatif.
2. Passé simultané ou imparfait.
3. Passé défini.
4. Futur.
5. Conditionnel.

6. Impératif.
7. Présent du subjonctif.
8. Imparfait.
9. Participe présent.
10. Participe passé.

mettre sans danger. La religion *donner* 1 ² la vertu les plus doux espérance; au vice impénitent les plus vif alarme, et au vrai repentir les plus doux consolation. *Apprendre* 6 ³ qui est honnête et beau, tu *être* 4 content de toi-même; tu n'*aimer* 4 pas moins ta vie obscure que celle des général et des magistrat. *Étudier* 6 la sagesse, ta vie *être* 4 semé de plaisir. Le plus beau enfant qui ³ *mirer* 1, ² coup sûr s'*enlaidir* 1 par un grimace de vanité. La raison *supporter* 1 les disgrace, le courage les *combattre* 1, la patience et la religion les *surmonter* 1. Ne *dire* 6 2 point : Mon frère *être* 1 gourmand; moi, je *être* 1 sobre; *dire* 6 : Puisqu'il *être* 1 gourmand, *corriger* 6 -nous toùt deux. *Songer* 6 ² ta mère, ³ *être* 1 la meilleur distraction contre les pensée dangereux. Avec les bon, tu *apprendre* 4 ² chérir la vertu : auprès des méchant, tu *sentir* 4 dans ton cœur ³ *affaiblir* la haine du vice, et tu *perdre* 4 bientôt jusqu' ² la raison qui t'*éclairer* 1. On ³ *réjouir* 2 ² ta naissance, et tu *pleurer* 2 : *vivre* 6 de manière que tu *pouvoir* 7 te réjouir ² ta mort et voir pleurer les autre.

¹ Ces, ses. — ² A; à,. — ³ Ce, se. — 4 Plutôt, plus tôt — 5 Leur, leurs.

8ᵉ EXERCICE.

Le retour du militaire.

105.—Heureux mère, *livrer* 6 ton ame ¹ la joie! le

1. Présent de l'affirmatif.
2. Passé simultané ou imparfait.
3. Passé défini.
4. Futur.
5. Conditionnel.

6. Impératif.
7. Présent du subjonctif.
8. Imparfait.
9. Participe présent.
10. Participe passé.

cri de guerre n'*effrayer* 1 plus ta patrie, et la paix, consolateur de tant de mal, te *ramener* 1 ton fils, [2] fils dont le départ te *coûter* 3 tant de larme, dont la long absence *affliger* 3 si profondément ton cœur. Déjà *luire* 1 [2] beau jour [3] tu le *revoir* 4, [3] tu *pouvoir* 4 le presser contre ton sein, [3] vos doux larme [2] *confondre* 4.

Il *sembler* 1 que la nature *vouloir* 7 partager ton allégresse : tu la *trouver* 1 plus bel, le ciel te *paraître* 1 plus serein et l'air plus pur; tu *croire* 1 voir tout animé du bonheur que tu *ressentir* 1 ; [4] l'aube du jour, tu te *rendre* 1 sur le seuil de ta chaumière ; impatient, tu *regarder* 1 si tu n'*apercevoir* 4 pas briller l'armure de ton fils, que tu *vouloir* 5 déjà presser dans tes bras. L'espoir et le plaisir te *faire* 1 recouvrer la vue que l'âge [1] affaiblie; tu t'*éloigner* 1 de chez toi, tu *revenir* 1 sur tes pas, tu ne *savoir* 1 pas [2] qui t'*agiter* 1, tour-à-tour tu *craindre* 1 et tu *espérer* 1 ; l'inquiétude *jeter* 1 le trouble dans tes sens; tu ne *pouvoir* 1 concevoir [2] qui *différer* 1 ton bonheur. Tantôt tu *sourire* 1, tantôt tu *soupirer* 1, il *sembler* 1 que les plus doux et les plus déchirant émotion *combattre* 1 dans ton cœur.

[1] A, à. — [2] Se, ce. — [3] Ou, où. — [4] Des, dès.

9ᶜ EXERCICE.

104. — Le chien danois *être* 1 porté sur des patte long et grêle; [1] oreille *être* 1 court, pointu et pendant. Il [2]

1. Présent de l'affirmatif.
2. Passé simultané ou imparfait.
3. Passé défini.
4. Futur.
5. Conditionnel.

6. Impératif.
7. Présent du subjonctif.
8. Imparfait.
9. Participe présent.
10. Participe passé.

plaire 1 avec les cheval dans les écurie. Les jeu natal [2] *célébrer* 2 tout les an au jour natal des grand homme. Les œil, organe de la vue, *être* 1 défendu par les paupière, membrane mobile, nu [4] garni de poil nommé cil. Le sanglier *vivre* 1 dans les bois [3]; il *choisir* 1 les endroit les plus solitaire et les plus sombre; mais il *dévaster* 1 souvent les terre cultivé, pour y chercher des racine. [1] dent canine inférieur, long et robuste, *être* 1 nommé défense, et *être* 1 très-meurtrier. L'histoire naturel *exciter* 1 en nous un foule d'idée, et *élever* 1 notre ame au plus sublime conception. Les pâturage de la Suisse *nourrir* 1 de superbe bétail, et *faire* 1 la richesse de ceux qui les *posséder* 1.

[1] Ces, ses. — [2] Ce, se. — [4] Ou, où.

10ᵉ EXERCICE.

105.—Les Athénien *prétendre* 2 descendre des fourmi d'un forêt de l'Attique; et les famille qui se *piquer* 2 d'être les plus ancienne, *porter* 2 dans [1] cheveu des fourmi d'or, pour marque de [1] origine. *Lever* 6 les œil vers les ciel, et tu y *voir* 7, comme sur la terre, mille preuve de la sagesse de Dieu. [3] pays, situé sous de beau ciel, *attirer* 1 et *charmer* 1 les étranger. Les membre de l'Académie se *réunir* 1 pour [1] travail littéraire, soit dans des séance particulier, soit dans des séance public. Les oiseau *jouir* 1

1. Présent de l'affirmatif.   6. Impératif.
2. Passé simultané ou imparfait.   7. Présent du subjonctif.
3. Passé défini.   8. Imparfait.
4. Futur.   9. Participe présent.
5. Conditionnel.   10. Participe passé.

de ¹ existence : il *chanter* 1 ¹ plaisir, ¹ accent *exprimer* 1
la tendresse ³ la joie. Les étourneau *tourbillonner* 1
sans cesse en l'air; et, tandis que ¹ instinct les *entraîner* 1
vers le centre du tourbillon, la rapidité de ¹ vol les *em-*
porter 1 continuellement au-delà. Les maréchal ferrant
attacher 1 les cheval vicieux ³ des travail, et les y *fer-*
rer 1 ³ les y *panser* 1.

¹ Leur, leurs. — ² Ces, ses. — ³ Ou, où. — ⁴ A, à.

11ᵉ EXERCICE.

106.—Les animal microscopique, qui *résister* 1 si bien
au froid et ¹ la chaleur, *mourir* 1 dès qu'on les *exposer* 1 ¹
un odeur pénétrant, fétide ³ spiritueux ; l'huile les *tuer* 1
pareillement. Certain insecte, quand on les *toucher* 1;
replier 1 ² pied, ² antenne, et *rester* 1 comme immobile,
jusqu'⁴ ¹ qu'il ¹ *croire* 7 hors de danger. En vain, on
les *piquer* 1, on les *déchirer* 1 : un chaleur un peu fort les
obliger 1 seul de reprendre ² mouvement pour ¹ enfuir.
Si la terre *être* 2 plus mou ³ plus spongieux qu'elle n'*ê-*
tre 1, les homme et les animal ¹ y *enfoncer* 5. Si elle *être* ²
plus dur, elle *refuser* 5 au travail du laboureur, et
ne *pouvoir* 5 produire ni nourrir ¹ qui *sortir* 1 actuelle-
ment de son sein. S'il n'y *avoir* 2 point de montagne, la
terre *être* 5 moins peuplé d'homme et d'animal, nous
avoir 5 moins de plante, moins d'arbre, et nous *être* 5

1. Présent de l'affirmatif.
2. Passé simultané ou imparfait.
3. Passé défini.
4. Futur.
5. Conditionnel.

6. Impératif.
7. Présent du subjonctif.
8. Imparfait.
9. Participe présent.
10. Participe passé.

totalement privé de métal et de minéral; les vapeur ne *pouvoir* 5 être condensé, et nous n'*avoir* 5 ni source d'eau ni fleuve.

¹ A, à. — ² Des, dès. — ³ Ou, où. — ⁴ Ce, se. — ⁵ Leur, leurs.

12ᵉ EXERCICE.

98. — Parmi tant de météore que l'on *voir* 1 en hiver, l'un de ceux qui *mériter* 1 un attention particulier, ¹ *être* 1 le brouillard; ¹ n'*être* 1 qu'un amas de vapeur aqueux qui *remplir* 1 la plus bas région de l'air et qui 1 y *épaissir* 1. Cette condensation ¹ *produire* 1 principalement par le froid; et il *falloir* 1 pour qu'il ¹ *former* 7 des brouillard, que l'air *être* 7 sensiblement plus froid que la terre, d'² 1 *élever* 1 continuellement des exhalaison. *Considérer* 6 4 les avantage inexprimable que la pluie *procurer* 1 ³ notre globe. Un pluie qui *survenir* 1 ³ propos *renouveler* 1 la face de la terre et ³ bien plus de vertu que la rosée. Les sillon des champ *boire* 1 avec avidité les eau bienfesant qui *être* 1 répandu sur eux. Les principe de fécondité ¹ *développer* 1 dans les semence, et *seconder* 1 les travail des homme. Le cultivateur *labourer* 1; il *semer* 1, il *planter* 1, et Dieu *donner* 1 l'accroissement. Les homme *faire* 1 ¹ qui *dépendre* 1 d'eux; et ⁴ ³ ¹ qui *être* 1 au dessus de ⁵ faculté, le Seigneur y *pourvoir* 1. L'hiver

9

1. Présent de l'affirmatif.
2. Passé simultané ou imparfait.
3. Passé défini.
4. Futur.
5. Conditionnel.

6. Impératif.
7. Présent du subjonctif.
8. Imparfait.
9. Participe présent.
10. Participe passé.

il *couvrir* 1 les semence comme d'un vêtement; l'été il les *réchauffer* 1 et les *vivifier* 1 par les rayon du soleil et par la pluie.

¹ Ce, se. — ² Ou, où. — ³ A, à. -- ⁴ Quand, quant. — ⁵ Leur. leurs.

13ᵉ EXERCICE.

99. — La préparation du sucre n'*exiger* 1 pas beau-coup d'art; mais elle *être* 1 extrêmement pénible, et l'on y *employer* 1 presque toujours les main des esclave. ¹ les canne *être* 1 parvenu ² ³ maturité, on les *couper* 1 et on les *porter* 1 au moulin pour les briser et en tirer le jus. On *faire* 1 d'abord bouillir ⁴ suc qui sans cela *fermenter* 5 et ⁴ *aigrir* 5. Pendant qu'il *bouillir* 1, on l'*écumer* 1 pour en ôter les saleté, et l'on *répéter* 1 cette cuisson dans quatre chaudière différente. Pour le purifier, on y *jeter* 1 un fort lessive de cendre de bois et de chaux vif. Enfin on le *verser* 1 dans des forme ⁵ il ⁴ *coaguler* 1 et ⁴ *sécher* 1. Il y a des végétal qui *retirer* 1 et *contracter* 1 ³ feuille, lorsqu'on les *toucher* 1. On en *voir* 1 qui *ouvrir* 1 et *refermer* 1 ³ fleur ² certain heure marqué du jour, de sorte que ⁶ plante *indiquer* 1 l'heure avec assez d'exactitude. D'autre *prendre* 1 un forme tout singulier pendant la nuit, en ⁴ qu'elle *replier* 1 alors ³ feuille, et tout ⁴ mou-

1. Présent de l'affirmatif.
2. Passé simultané ou imparfait.
3. Passé défini.
4. Futur.
5. Conditionnel.

6. Impératif.
7. Présent du subjonctif.
8. Imparfait.
9. Participe présent.
10. Participe passé.

venient [4] *opérer* 1, soit que [6] plante *rester* 7 en plein air, soit qu'on les *mettre* 7 dans des appartement fermé.

[1] Quand, quant. — [2] **A**, a. — [3] Leur, leurs. — [4] Ce, se. — [5] Ou, où. — [6] Ces, ses.

14ᵉ EXERCICE.

100. — Tout les végétal *venir* 1 de graine, mais la plupart d'entre elle ne *être* 1 point semé, et *échapper* 1 même aux œil des homme [2] qui la nature les *dispenser* 1. La terre noir [1] *composer* 1 de substance végétal et animal putréfié; elle *contenir* 1 beaucoup de sel et de matière inflammable; [3] *être* 1 proprement du fumier. L'argile plus compacte, *retenir* 1 plus long-temps l'eau [2] sa surface. La terre sablonneux *être* 1 dur, léger et sec; elle ne *retenir* 1 point l'eau et ne [2] *dissoudre* 1 pas. Les animal de la Russie d'Europe *être* [2] à-peu-près les mêmes que ceux de la Suède, de la Norvège et du Danemark. On y *voir* 1 cependant des chameau et des dromadaire. [3] aux métal et aux minéral, il y *être* 1 tout aussi commun; car on y *trouver* 1 des montagne riche en mine de fer dont la plupart *fournir* 1 de l'aimant, du marbre, de l'albâtre, du jaspe et d'autre espèce de pierre, du sel fossile et de l'alun.

[1] Ce, se. — [2] A, a. — [3] Quand, quant.

1. Présent de l'affirmatif.
2. Passé simultané ou imparfait.
3. Passé défini.
4. Futur.
5. Conditionnel.

6. Impératif.
7. Présent du subjonctif.
8. Imparfait.
9. Participe présent.
10. Participe passé.

15e EXERCICE.

101. — Les Éphésien, naturellement jaloux, *exiger* 2 que tous ceux qui *exceller* 2 parmi eux, *aller* 8 exceller ailleurs. Je ne *pouvoir* 1, *dire* 2 Henri IV après une victoire, me réjouir de mes succès, en voyant mes sujet étendu mort sur le champ de bataille : je *perdre* 1 alors plus que je ne *gagner* 1. César voulant rassurer son pilote que la tempête *effrayer* 2 lui *crier* 3 : Ne *craindre* 6 rien, tu *porter* 1 César et sa fortune. Je *souhaiter* 5 *dire* 2 Louis XIII, qu'il n'y *avoir* 8 de place fortifié que sur les frontière de mon royaume, afin que les cœur de mes sujet *servir* 8 de citadelle [1] de garde [2] ma personne. Marcellus, [2] la tête de quelque légion, se mit [2] la poursuite des Gaulois qui *avoir* 2 traversé le Pô, et, avant d'engager le combat, il *vouer* 3 [2] Jupiter Férétrien les plus beau arme qu'il *parvenir* 5 [2] enlever aux ennemi. Virdomare, roi des Gaulois, [3] *avancer* 2 dans le même moment pour le défier : Marcellus [3] *élancer* 1 sur lui, l'*étendre* 1 [2] [4] pied, [3] *emparer* 1 de [4] arme, et les *élever* 1 vers les ciel [2] la vue des deux armée.

[1] Ou, où. — [2] A, à. — [3] Ce, se. — [4] Ces, ses.

16e EXERCICE.

102. — Au siège de Syracuse, les machine d'Archi-

1. Présent de l'affirmatif.	6. Impératif.
2. Passé simultané ou imparfait.	7. Présent du subjonctif.
3. Passé défini.	8. Imparfait.
4. Futur.	9. Participe présent.
5. Conditionnel.	10. Participe passé.

mède *lancer* 2 tout espèce de trait, et jusqu'² d'énorme pierre qui *écraser* 2 les assaillant. Ici des main de fer ³ *élancer* 2 vers les galère, les *accrocher* 2, les *tenir* 2 quelque temps suspendu hors de l'eau, et les *lâcher* 2 ensuite tout d'un coup. Là des poutre énorme *tomber* 2 avec un horrible fracas sur tout ³ qui ³ *être* 2 approché des muraille. On *parler* 1 encore d'autre machine qui *faire* 2 tourner avec rapidité le bâtiment qu'elle *avoir* 2 saisi, et *finir* 2 par le briser contre les rocher qui *border* 2 le rivage. Un éléphant, maltraité par son cornac ³ en *être* 2 vengé en le tuant. Sa femme, témoin de ³ spectacle, *prendre* 3 ⁴ deux enfant, les *jeter* 3 aux pied de ce animal, encore tout furieux, en lui disant : Puisque tu *avoir* 1 tué mon mari, *ôter* 6 -moi aussi la vie, ainsi qu'² mes enfants. L'éléphant ³ *arrêter* 1 tout court, ³ *adoucir* 1, et, comme s'il *être* 2 touché de regret, *prendre* 1 avec sa trompe le plus grand de ⁴ deux enfant, le *mettre* 1 sur son cou, l'*adopter* 1 pour son cornac. Il l'*adopter* 3 si bien qu'il n'en *vouloir* 3 jamais souffrir d'autre.

¹ Leur, leurs. — ² A, à. - - ³ Ce, se. — ⁴ Ces, ses.

17ᵉ EXERCICE.

103. — Un sauvage *dire* 2 ¹ un Espagnol qui ² *hâter* 2 de l'égorger : Tu *avoir* 1 tort d'abréger mes tourment, je te *avoir* 5 appris ¹ mourir. Cambyse, roi de Perse

1. Présent de l'affirmatif.	6. Impératif.
2. Passé simultané ou imparfait.	7. Présent du subjonctif.
3. Passé défini.	8. Imparfait.
4. Futur.	9. Participe présent.
5. Conditionnel.	10. Participe passé.

être 2 fort adonné au vin. Un jour un de [3] favori, nommé Prexaspe, lui *représenter* 3 qu'on *trouver* 2 [1] redire qu'il *boire* 8 tant. Je *vouloir* 1 te faire voir, lui *dire* 3 Cambyse, que le vin ne m'*ôter* 1 ni le jugement ni l'adresse. Pour cet effet, après avoir bu plus qu'[1] l'ordinaire, le tyran *ordonner* 1 qu'on lui *amener* 7 le fils du favori, qu'on le *lier* 7 [1] un arbre, et [2] adressant au père : Si je ne *percer* 1, lui *dire* [3] il, le cœur de ton fils avec cette flèche, tu *avoir* 4 raison de dire que je *avoir* 1 tort de tant boire. Cambyse *tirer* 1 sur l'enfant, l'*atteindre* 1 et le *renverser* 1. Il le *faire* 1 ouvrir, et il [2] *trouver* 1 que la flèche l'*avoir* 1 percé droit au cœur. Prexaspe, père aussi dénaturé que lâche favori, loin de venger sur le tyran la mort de son fils, *oublier* 1 sa douleur pour louer l'adresse du féroce Cambyse : « Apollon, lui *dire* 3 il, n'*être* 5 pas plus adroit. »

[1] A, à. — [2] Ce, se. — [3] Ces, ses.

18ᵉ EXERCICE.

104. — Jules-César ayant débarqué en Afrique, *tomber* 3 au sortir du vaisseau, [2] qui *paraître* 3 [1] [5] soldat d'un fort mauvais présage : mais fesant tourner [1] son avantage la disposition de l'armée : [2] *être* 1 maintenant [2] *écrier* 3 t-il, que je te *tenir* 1, ô Afrique. Philippe II *être* 2 petit pour [2] venger de [2] tort de la nature, il *exiger* 2 de ceux

1. Présent de l'affirmatif.	6. Impératif.
2. Passé simultané ou imparfait.	7. Présent du subjonctif.
3. Passé défini.	8. Imparfait.
4. Futur.	9. Participe présent.
5. Conditionnel.	10. Participe passé.

qui lui *parler* 2 qu'il 2 *agenouiller* 8 devant lui. On *rapporter* 1 cette réponse d'un général d'armée : les ennemi 2 *avancer* 2 ; des nouvelle de 4 force supérieure *pouvoir* 2 décourager l'armée ; le général l'*appréhender* 2 aussi. Lorsqu'on *venir* 3 lui annoncer que les ennemi *approcher* 2, et qu'il *être* 2 nécessaire d'envoyer reconnaître 4 nombre : Il ne 2 *agir* 1 pas de les compter, *dire* 3 -il, il 2 *agir* 1 de les vaincre. On *dire* 2 1 Léonidas, roi de Lacédémone, que l'armée des ennemi *être* 2 si nombreux, que la quantité de 4 flèche *être* 5 capable d'obscurcir le soleil. Tant mieux, *dire* 3 -il, nous *combattre* 4 1 l'ombre. On *connaître* 1 ce fier réponse de Léonidas 1 Xercès qui lui *dire* 2 de mettre bas les arme : *Venir* 6 les prendre, si tu l'*oser* 1.

1 A, à. — 2 Ce, se. — 3 Plutôt, plus tôt. — 4 Leur, leurs. — 5 Ces, ses.

19ᵉ EXERCICE.

105. — Philippe, roi de Macédoine, 1 *faire* 2 rappeler tout les jour cette vérité peu agréable au monarque : « Philippe! *souvenir* 6 -toi que tu *être* 1 mortel. » Par un mouvement de colère, Aristippe 1 *brouiller* 3 avec Eschine. « Eh bien! lui *dire* 3 quelqu'un, que *être* 1 devenu l'amitié qui vous *lier* 2 tout deux ? Elle *dormir* 1, *répondre* 3 -il, mais je *aller* 1 la réveiller. » Il *courir* 3 aussitôt chez Eschine : « Me *croire* 1 -tu, lui *dire* 3 -il, tellement

1. Présent de l'affirmatif. | 6. Impératif.
2. Passé simultané ou imparfait. | 7. Présent du subjonctif.
3. Passé défini. | 8. Imparfait.
4. Futur. | 9. Participe présent.
5. Conditionnel. | 10. Participe passé.

enfoncé dans le mal, qu'il me *être* 7 impossible de me corriger? *Aller* 6, lui *répondre* 3 Eschine, je ne *être* 1 pas étonné que tu l'*emporter* 7 en tout sur moi, et que tu *avoir* 7 été le premier [2] *sentir* [1] que nous *devoir* 2 faire. » Le frère d'Euclide lui *dire* 3 un jour : « Je *vouloir* 1 mourir, si je ne me *venger* 1 de toi. Et moi, *repartir* 3 Euclide, je *vouloir* 1 mourir, si je ne te *persuader* 1 d'apaiser ta colère et de m'aimer comme auparavant. » Quelqu'un *dire* 3 [2] Socrate, en versant des pleurs : «Vous *mourir* 4 donc innocent. — *Aimer* 5 vous mieux que je *mourir* 8 coupable?

[1] Ce, se. — [2] A, à.

20ᶜ EXERCICE.

106. — Certain homme *amener* 3 son fils [1] Aristippe et le *prier* 3 d'en prendre soin. Aristippe lui *demander* cinquante drachme. «Comment! cinquante drachme! [2] *écrier* 3 le père de l'enfant, il n'en *falloir* 5 pas tant pour acheter un esclave ! *Aller* 6 donc l'acheter, lui *dire* 3 Aristippe, et tu en *avoir* 4 deux. » Alexandre *dire* 3 un jour [1] Diogène : «Je *voir* 1 que tu *manquer* 1 de beaucoup de chose, je *être* 5 bien aise de te secourir; *demander* 6 -moi [2] que tu *vouloir* 4. *Retirer* 6 - vous un peu, *répondre* 1 le philosophe, vous *empêcher* 1 que je ne *jouir* 7 du soleil. » Coriolan *aimer* 2 tendrement sa mère : qu'elle *entendre*

1. Présent de l'affirmatif.
2. Passé simultané ou imparfait.
3. Passé défini.
4. Futur.
5. Conditionnel.

6. Impératif.
7. Présent du subjonctif.
8. Imparfait.
9. Participe présent.
10. Participe passé.

8 les louange qu'il *recevoir* 2, qu'elle *voir* 8 et *toucher* 8 les couronnes qu'il *avoir* 2 gagné, qu'elle l'*embrasser* 8 en versant de doux larme, [2] *être* 1 en cela qu'il *faire* 2 consister le comble de sa gloire et sa souverain félicité.

A , à. — 2. Ce , se.

21ᵉ EXERCICE.

107. — La célébrité de Carnéade *être* 1 dû principalement [1] son éloquence nerveux et entraînant. Tout [2] qu'il *soutenir* 2, il le *prouver* 2 ; tout ce qu'il *attaquer* 2, il le *détruire* 2. Il *charmer* 2 [3] auditeur et *subjuguer* 2 [3] adversaire ; aucun ne *pouvoir* 2 lui résister ; lui seul *triompher* 2. Tout [3] opinion *être* adopté ; tout celle des autre rejeté. Les plus fort argument, devant les sien, *avoir* 2 le sort de la cire devant le feu. Quelqu'un [2] *plaindre* 2 de manquer d'appétit et de ne trouver bon rien de [2] qu'il *manger* 2 : « Je *savoir* 1, lui *dire* 3 Socrate, un bon remède [1] votre mal ; *manger* 6 moins, les mets vous *paraître* 4 plus agréable, vos dépense *être* 4 diminué, et vous vous *porter* 4 mieux. » Diogène *demander* 3 un somme assez fort [1] un dissipateur : « Quoi, lui *dire* 3 ce homme ; tu ne *demander* 1 au autre qu'une obole ? Cela est vrai, *répondre* 3 Diogène, mais je ne *devoir* 1 pas espérer que tu *pouvoir* 7 me donner plusieurs fois. »

[1] A , à. — [2] Ce, se. — [3] Ces, ses.

1. Présent de l'affirmatif.	6. Impératif.
2. Passé simultané ou imparfait.	7. Présent du subjonctif.
3. Passé défini.	8. Imparfait.
4. Futur.	9. Participe présent.
5. Conditionnel.	10. Participe passé.

22e EXERCICE.

108. — Diogène voyant un homme qui [1] *faire* 2 chaus-
ger par un esclave : « Tu ne *être* 4 pas content, *dire* 3 -il,
jusque 2 [1] qu'il te *moucher* 7 ; *faire* 6 -toi couper les bras,
puisqu'il te *être* 1 inutile. » Aristote *dire* 2 : « Il y *avoir* 1
des gens qui *amasser* 1 du bien avec autant d'avidité que
s'il *devoir* 2 vivre toujours ; d'autre *dépenser* 1[1] qu'il *avoir*
1, comme s'il *devoir* 2 mourir demain. » Diogène *voir* 3
un enfant qui *boire* 2 dans le creux de sa main ; il *jeter* 3
aussitôt sa tasse. « Cet enfant, *dire* 3 -il, m'*apprendre* 1[2]
me passer du superflu. » Alcibiade et Critias, qui *devenir*
3 les hommes les plus ambitieux d'Athènes, [1] *conduire* 3
pourtant avec sagesse tant qu'il *fréquenter* 3 Socrate ;
non qu'il le *craindre* 8 comme un maître qui *avoir* 8 droit
de les punir de [3] faute, mais parce qu'il *avoir* 2 alors
l'idée de la vertu. Si tu *considérer* 2 tout [1] que les autre *souffrir* 1, *dire* 2 Chilon, tu te *plaindre* 5 plus doucement de tes mal.

[1] Ce, se. — [2] A, a. — [3] Leur, leurs.

23e EXERCICE.

109. — Dans la crainte que Pyrrhus n'*attaquer* 8 [1]
ville, les Lacédémonien *former* 3 le projet d'envoyer [1]

1. Présent de l'affirmatif.
2. Passé simultané ou imparfait.
3. Passé défini.
4. Futur.
5. Conditionnel.

6. Impératif.
7. Présent du subjonctif.
8. Imparfait.
9. Participe présent.
10. Participe passé.

femme dans l'île de Crète ; elle s'y *opposer* 3. Un d'elle, nommé Archidamie, l'épée [2] la main, *entrer* 1 dans le sénat, et lui *demander* 1 pourquoi il *avoir* 1 assez mauvais opinion des femme spartiate pour croire qu'elle *pouvoir* 7 *survivre* [2] la ruine de [1] patrie. Tu ne *être* 5 pas un bon poète, *dire* 3 un jour Thémistocle à Simonide, si tu *faire* 2 des vers contre les règles de la poésie, et je ne *être* 5 pas un bon magistrat si je *accorder* 2 quelque grace contre les loi. On *apporter* 3 [2] Archidamus II, roi de Lacédémone, de la part de Denis de Syracuse, un superbe manteau pour [3] fille : « Je *craindre* 1, *dire* 3 -il, que ce parure ne les *faire* 7 trouver plus laide. » En partant pour l'armée, le Lacédémonien Brasidas *écrire* 3 aux éphore : « Tout ce que je vous *annoncer* 1, je le *faire* 4 [4] je *recevoir* 4 la mort. »

[1] Leur, leurs. — [2] A, à. — [3] Ces, ses. — [4] Ou, où.

EXERCICES GÉNÉRAUX.

DEUXIÈME PARTIE.

PHRASES A METTRE AU PLURIEL.

1er EXERCICE.

110. — *Celui* qui ne *songe* à *ses* devoirs que quand on *l'en* avertit ne *mérite* aucune estime. *Un enfant* qui n'*aimerait* pas *ses* parents *serait un monstre* ; *celui* qui ne les *aimerait* que faiblement *serait un ingrat.* L'*enfant* est *semblable* à *un* (1) *jeune arbrisseau* : *il doit* se plier au gré de *celui qui le dirige. Dépourvu* de tout secours, in*capable* de s'en procurer, *l'enfant est,* dès le moment où *il voit* le jour, l'*objet* de la tendre sollicitude de *sa* mère. Combien ne *doit-il* pas *la* chérir, *celle* qui *lui pro-digue* tous *ses* soins, qui se *sacrifie* entièrement pour *lui!*

2e EXERCICE.

Dans ce second exercice et dans les suivants on n'a mis en *italique* que le substantif et le pronom qui doivent être au pluriel. Les élèves chercheront les mots correspondants pour les mettre au même nombre.

111. — Coupable envers la religion, le *menteur* ou-

(1) De.

trage l'image sacrée de la vérité ; coupable envers la société , il semble faire ses efforts pour la détruire ; coupable envers *celui* qui l'écoute, il abuse de sa confiance jusqu'à lui faire croire ce qui n'est pas. Aussi ce rôle abominable *le* perd-il pour toujours de réputation ; car, une fois qu'*il* est reconnu pour tel, chacun *le* méprise, s'éloigne de *lui*; et, déshonoré aux yeux des autres, *il* l'est aussi aux *siens* propres : il *lui* est impossible de descendre dans son cœur, sans rougir de honte et de confusion. La religion éclaire l'*homme* et *le* rend meilleur. *Celui* qui nous flatte nous est plus nuisible que *celui* qui nous hait. *Celui* qui se connaît sait ce qui *lui* est utile , ce que ses forces peuvent supporter, ce qu'elles *lui* refusent.

3ᵉ EXERCICE.

112. On se défie avec raison de *celui* qui a sans cesse ses serments à la bouche. *Celui* qui en contracte l'habitude les emploie pour le faux comme pour le vrai. On est sur ses gardes avec *lui*, et ses serments *lui* nuisent plus qu'ils ne *lui* servent. Le *vieillard* est comme un arbre antique, élevé, touffu, couvert de fruit, qui de sa cime guide le *voyageur*, *le* rafraîchit de son ombre, *le* nourrit de ses fruits , et auquel un grand nombre d'années donne droit à la vénération publique. Le *gourmand* ne semble vivre que pour manger; toute autre chose *lui* paraît indifférente. Avant le repas, *il* s'occupe de satisfaire sa sensualité, et pendant le repas *il* la satisfait en glouton; tel que *cet animal* immonde *auquel* on *le* compare souvent, *il* ne pense qu'à se gorger et à digérer : et, par ses excès *il* ruine sa santé et abrutit son esprit. Pour *lui* tout est bon, tout est bien.

4ᵉ EXERCICE.

113. — L'*avare* se rétrécit et se dessèche le cœur : tout sentiment d'humanité lui est étranger : insensible à tout, il ne voit que son or, il lui sacrifie tout, ses parents, ses enfants et lui-même, car cet or, qu'il ne possède pas, mais qui le possède, le rend son propre bourreau. Il ne jouit d'aucun repos, tout lui porte ombrage ; il fuit tout le monde, et tout le monde le fuit. N'est-il pas le plus misérable des humains ? Quoique le *chien* soit un animal très-courageux, et qu'il exposât sa vie pour défendre *son maître*, si l'on osait l'attaquer, il est d'un si bon naturel, qu'il laisse les petits enfants jouer avec lui ; il ne les mord pas, pourvu cependant qu'ils ne lui fassent pas de mal. Le *chameau* se charge des fardeaux les plus pesants, les porte avec autant de patience que de légèreté. Lorsqu'il est parvenu au terme du voyage, il s'agenouille de lui-même pour que *son maître* le décharge. *Cet animal* est très-sobre, et passe quelquefois plusieurs jours sans boire et sans manger.

5ᵉ EXERCICE.

Le *Nautile*.

114. — Le *nautile* est un poisson qui navigue avec sa coquille, dont la forme approche de celle d'un vaisseau. On prétend que c'est de lui que les hommes ont appris à naviguer. Quand il veut s'élever du fond de la mer, il retourne sa coquille sens dessus dessous ; et, à la faveur de certaines parties de son corps qu'il gonfle ou qu'il resserre à volonté, il traverse toute la masse des eaux ; en approchant de leur surface, il retourne adroitement son petit navire, dont il vide l'eau, à l'exception de ce qu'il lui en faut pour le lester ; alors il élève deux espèces de bras, et étend, comme une voile, la membrane mince et légère qui les unit ; il alonge et plonge dans la mer deux autres membres qui lui servent d'aviron ; et un autre lui tenant lieu du gouvernail, il se met à voguer habilement, soumettant les vents et les flots à son adresse.

6ᵉ EXERCICE.

Le Ver à soie.

115. — *Le ver à soie* avant sa naissance est renfermé dans un petit œuf, conservé dans un lieu sec jusqu'au retour du printemps. Alors on l'expose à une chaleur douce, et l'on voit sortir un (1) *petit ver* grisâtre qu'on met aussitôt sur une feuille de mûrier. Ce *petit ver* grossit fort vite, car aussitôt qu'il est né, il mange de cette feuille tout le long de la journée. Au bout de neuf à dix jours sa peau se détache de son corps, et il paraît beaucoup moins laid avec sa robe nouvelle. Il en change trois fois encore de sept jours en sept jours, et, à la dernière, c'est *un ver très-blanc* et assez gros. Il commence bientôt à devenir jaunâtre et transparent ; son corps grossit et se

(1) De.

ramasse, et il cesse absolument de manger : c'est le temps
où il se dispose à se mettre à l'ombre. Il grimpe le long
de petits brins de genêt ou de bruyère, qu'on place près
de lui, et il attache d'abord, de tous côtés, des soies
qu'il file un peu grosses, pour y suspendre sa coque.

FIN DES EXCERICES.

TABLE DES MATIÈRES.

PREMIÈRE PARTIE. — QUESTIONNAIRE.

LIVRE PREMIER.

CONNAISSANCES PRÉLIMINAIRES.

LIVRE SECOND.

LEXICOLOGIE OU CLASSIFICATION DES MOTS.

9*.

LIVRE TROISIÈME.

LEXIGRAPHIE.

LIVRE QUATRIÈME.

DE LA SYNTAXE.

LIVRE CINQUIÈME.

DEUXIÈME PARTIE. — EXERCICES LEXICOLOGIQUES.

TROISIÈME PARTIE. — **LEXIGRAPHIE.**

CHAPITRE Ier. Du Substantif.

Premier degré.

FORMATION DU PLURIEL.

Deuxième degré.

CHAPITRE II.
Section Ire. — De l'adjectif qualificatif.

Premier degré.

Deuxième degré.

Section II. — De l'adjectif déterminatif.

FIN DE LA TABLE.

CORBEIL, IMPRIMERIE DE CRÉTÉ.

OUVRAGES DE M. BONIFACE.

LECTURE GRADUÉE,

OUVRAGE DANS LEQUEL LES DIFFICULTÉS DE LA LECTURE SONT
SIMPLIFIÉES ET PRÉSENTÉES GRADUELLEMENT.

DÉDIÉ AUX MÈRES.

Deuxième Édition.

Première Partie. — Orthographe régulière, prix... 1 fr.

Deuxième Partie. — Orthographe irrégulière. ... 2 »
Cette deuxième partie est ornée de 33 gravures sur bois.

EXERCICES ORTHOGRAPHIQUES.

Première Partie. — *Manuel du Jeune Orthographiste*, ou
Vocabulaire des mots à difficultés orthographiques, rangés
par ordre alphabétique, et distingués selon leur usage plus
ou moins familier.

Troisième édition; 1 vol. in-12. . . . . 75 c.

En faveur des étrangers et des personnes qui font usage des
cacographies, l'auteur a composé un livret qui présente la
prononciation de chacun de ces mots. Prix. . . . . . . 70 c.

Deuxième Partie. — **ORTHOGRAPHE ABSOLUE**, dite d'u-
sage, enseignée par des règles fondées sur la raison et l'analogie, et comprenant la plupart des mots usuels de la
langue française.

Prix. . . . . 70 c.

GRAMMAIRE FRANÇAISE,

MÉTHODIQUE ET RAISONNÉE,

RÉDIGÉE D'APRÈS UN NOUVEAU PLAN ET FONDÉE SUR UN GRAND NOMBRE DE FAITS
ET SUR L'AUTORITÉ DES GRAMMAIRIENS LES PLUS CONNUS;

Ouvrage adopté par le *Conseil royal* de l'Université pour
les *Collèges* et les *Écoles Normales.*

Quatrième édition, considérablement améliorée, 1 fort
vol. in-12, broché. Prix. . . . . 2f. 50 c.

ABRÉGÉ DE LA GRAMMAIRE FRANÇAISE,

MÉTHODIQUE ET RAISONNÉE,

Adoptée par le Conseil royal de l'Université pour les Collèges
et les Écoles Normales.

Prix. . . . . 1 fr. 50 c. cart.

CORRIGÉ
DES EXERCICES GRAMMATICAUX,

Ouvrage qui, présentant une véritable Grammaire-prati-
que, peut aussi être utile comme livre de dictées et d'exercices, applicable à toutes les grammaires.

1 vol. in-12, broché. . . . . 2 fr. 50 c.

MÉMORIAL POÉTIQUE DE L'ENFANCE,

ou

CHOIX DE DISTIQUES, DE QUATRAINS, DE COURTES FABLES,
ET D'AUTRES PIÈCES EN VERS A LA PORTÉE DU PREMIER AGE.

Un vol. in-16, cartonné. . . . . 2 fr 50 c.

GÉOGRAPHIE

ÉLÉMENTAIRE-DESCRIPTIVE,

OU

LEÇONS GRADUÉES DE GÉOGRAPHIE,

À L'USAGE DES ÉCOLES NORMALES, DES COLLÈGES ET DES MAISONS D'ÉDUCATION.

Ouvrage essentiellement méthodique, composé d'après un nouveau plan, et qui peut être également adapté à l'étude et à l'enseignement de la Géographie; divisé en deux Cours et terminé par deux tables, l'une alphabétique, avec la prononciation des noms géographiques.

PREMIER COURS. 1 vol. in-12, avec une carte coloriée.
1 fr. 50 c.

DEUXIÈME COURS. id. id. 2 fr. 50 c.

ANALYSE CHRONOLOGIQUE

DE

L'HISTOIRE ANCIENNE,

JUSQU'À LA CHUTE DE L'EMPIRE ROMAIN EN OCCIDENT,

SUIVIE DE QUATRE PÉRIODES GÉOGRAPHIQUES CORRESPONDANTES.

Ouvrage destiné à servir de *sommaire* aux leçons des professeurs, et de *mémorial* à leurs élèves. 1 vol. in-18. 2 fr. 50 c.

GUIDE PRATIQUE DE L'ARITHMÉTICIEN,

Contenant près de 6,000 opérations graduées sur toutes les parties de l'arithmétique; ouvrage composé d'après *Bezout*, *Lacroix*, *Reynaud*, *Bourdon*, etc., et destiné à servir de complément et d'application à *tous les traités d'Arithmétique*, et principalement à faire acquérir la pratique du calcul.

EXERCICES (livre de l'élève), prix. . . . . . . , . 4 fr. 5o c.
SOLUTIONS (livre du maître), prix. . . . . 2 fr. 5o c.

UNE LECTURE PAR JOUR,

Mosaïque

LITTÉRAIRE, HISTORIQUE, MORALE ET RELIGIEUSE,

Composée de 365 pièces extraites de prosateurs français, anciens et modernes et destinées, par la variété de leur style et de leurs matières, à servir de modèles de composition, de textes pour la conversation et l'improvisation, et de sujets de lecture pour chaque jour de l'année ;

Ornée de jolies Vignettes

de THOMPSON et d'autres graveurs,

Avec des Notes biographiques, historiques, géographiques, philosophiques, littéraires et grammaticales.

n-
yle
n ,
su-

ues ,